LA
INVASIÓN
DE LOS
ENDERMEN

UNA INCREÍBLE AVENTURA DE MINECRAFT

LA
INVASIÓN
DE LOS
ENDERMEN

Obra editada en colaboración con Espasa Libros S.L. – España

Título original: *The endermen invasion*

© 2014, Hollan Publishing, de la edición original

© 2015, Espasa Libros S.L. – Barcelona, España

Derechos reservados

© 2016, Editorial Planeta Mexicana, S.A. de C.V.
Bajo el sello editorial DESTINO M.R.
Avenida Presidente Masarik núm. 111, Piso 2
Colonia Polanco V Sección
Deleg. Miguel Hidalgo
C.P. 11560, México, D.F.
www.planetadelibros.com.mx

Primera edición impresa en España: junio de 2015
ISBN: 978-84-670-4510-9

Primera edición impresa en México: marzo de 2016
ISBN: 978-607-07-3025-2

Impreso en los talleres de Litográfica Ingramex, S.A. de C.V.
Centeno núm. 162-1, colonia Granjas Esmeralda, México, D.F.
Impreso en México – *Printed in Mexico*

ÍNDICE

1
LA INVITACIÓN

Aquel día, Steve había recibido una invitación para participar en una competencia de construcción.

—Dice que solo somos cinco participantes —le comentó Steve a su amigo Max—. Tenemos que construir una casa y después, unos jueces valorarán cuál es la mejor.

Max estaba muy contento por su amigo.

—¿Solo cinco participantes? ¡Qué padre que te hayan elegido entre ellos!

—La competencia es en pocos días y está bastante lejos —le explicó Steve a Max, al tiempo que le daba un mapa de su inventario—, así que me gustaría que me acompañaras.

—¡Claro que iré! ¡Será una gran aventura! Ya quiero celebrar tu victoria —exclamó Max con una sonrisa.

—No sé si ganaré, pero es un honor formar parte de la competencia —dijo Steve.

En ese mismo momento, Lucy y Henry entraron en la habitación y Max no tardó en ponerlos al corriente de la nueva noticia.

—¿Es la famosa competencia de construcción de la Isla Champiñón? —preguntó Lucy.

—Sí —respondió Max, tras echarle un vistazo al mapa.

—He oído hablar de ella. ¡Es increíble! ¡Felicidades!
—dijo Lucy.

—¿Y qué tienes que construir? —preguntó Henry.

—A ver, somos cinco concursantes y cada uno debemos construir una casa. Y luego los jueces elegirán la mejor —le explicó Steve.

—¡Suena genial! —comentó Henry.

—Sí, y quiero que ustedes vengan conmigo también —pidió Steve.

Todos acordaron acompañar a Steve en su viaje. Prometía ser una gran aventura y todos querían apoyar a su amigo en ella.

—¡Esto hay que celebrarlo! —dijo Henry, dirigiéndose al resto del grupo.

Steve se dio cuenta de que el entusiasmo de sus amigos lo distraía. Quería ganar la competencia y para eso debía estar concentrado, pero tampoco quería herir los sentimientos de sus amigos. Había muchísimas cosas que preparar antes. Además, tenía algunas ideas sobre la casa que iba a construir y no iba a ser nada fácil. Pese a todo, Steve quería demostrarles a sus amigos que se preocupaba por ellos y lo feliz que estaba de que lo fueran a acompañar.

—Tengo que ir a la aldea para conseguir provisiones. Debo asegurarme de llenar mi inventario. No creo que tengamos mucho tiempo para celebrar, pero en cuanto acabe la competencia les prometo que haré la mayor fiesta del mundo —les aseguró Steve.

—¡Claro, tendremos que celebrar tu victoria! —exclamó Lucy.

—Lucy —comenzó Steve—, ya te he dicho que cualquiera de los otros cuatro participantes puede ganar también. Yo me conformo con formar parte de ello y más si ustedes vienen conmigo.

—También podemos hacer una fiesta si pierdes. Así te animas —señaló Henry.

—Qué considerado por tu parte —le reprochó Max.

—No te preocupes. Me parece una buena idea, además ¡yo quiero una fiesta! —aseguró Steve.

De repente, alguien llamó a la puerta. Era Kyra, la vecina de Steve. Antes siquiera de entrar, Lucy la asaltó con la noticia. Por un momento, Kyra trató de sonreír, pero era una sonrisa forzada. Un par de lágrimas corrían por sus mejillas.

—¿Estás bien? —preguntó Lucy.

—Creí que me escogerían para la competencia. Lo intenté, pero al final no fui elegida —confesó Kyra entre lágrimas.

Steve trató de consolarla.

—Kyra, no seas tonta, eres muy buena construyendo. De hecho, ¿por qué no vienes con nosotros? Este año me ha tocado a mí, pero quizá el año que viene te toque a ti. Y seguro que te la pasas bien con nosotros.

—Además, Kyra, mira el mapa —dijo Max—. Hay un montón de sitios geniales para visitar de camino a la Isla Champiñón.

—Y nos hace falta alguien como tú. Eres una experta construyendo barcos y los necesitaremos para llegar a la isla —destacó Steve.

—Seguro que cuando los jueces vean el barco que construyas, te elegirán el año que viene —añadió Lucy.

Kyra dejó de llorar.

—Con amigos como ustedes siento que ya he ganado la mayor competencia del mundo. Son los mejores. Acepto tu propuesta, Steve. Siento haber sido tan egoísta, me alegro muchísimo por ti.

—Entonces... ¿Construirás los barcos? —le preguntó Steve.

—¡Por supuesto! —le aseguró Kyra.

—Vamos a ver a Eliot, el herrero, para intercambiar trigo por provisiones —comentó Steve.

Steve y Kyra caminaron a través de la aldea hasta llegar a la herrería.

—¡Felicidades, Steve! —le dijo Eliot tan pronto lo vio entrar—. Ya me he enterado de que te han seleccionado para la competencia de construcción. Todo el mundo en la aldea habla de ello.

—Gracias —contestó Steve—. Kyra y mis amigos vendrán conmigo. Ella nos va a ayudar a construir los barcos que nos llevarán hasta la Isla Champiñón.

—Eso es una gran responsabilidad —le dijo Eliot a Kyra, asombrado—. Eres una muy buena amiga, Kyra.

Tras negociar con Eliot, Steve y Kyra se dirigieron de vuelta a casa.

—¿Estás nervioso? —le preguntó Kyra, mientras paseaban por los campos de camino a la granja de Steve.

—Nunca he estado en la Isla Champiñón... y ya sabes que no soy un gran aficionado a los viajes, soy muy casero. Pero estoy deseando construir la casa para la competencia. Tengo un montón de ideas estupendas.

—Yo tampoco he estado nunca en la Isla Champiñón, pero dicen que no hay criaturas hostiles allí, así que debe de ser un sitio bastante seguro —dijo Kyra.

—Lo habrán elegido, precisamente, para que los participantes no se tengan que preocupar por ataques y puedan centrarse en construir sus casas —razonó Steve.

—¡Dios mío! —exclamó Kyra—. ¡Steve, mira! —dijo señalando a una cabaña de bruja que había justo delante de ellos.

—Me pregunto qué pensarían los jueces de su cabaña... —bromeó Steve al mismo tiempo que intentaban pasar desapercibidos por un lado, esperando no encontrarse con la bruja.

—¡Shhh! —Kyra regañó a Steve mientras retomaban su camino hacia la granja—. Creo que no nos ha oído.

Pero se equivocaba. En cuestión de segundos, una bruja salió corriendo de la cabaña hacia ellos. Con la mirada perversa clavada en sus enemigos, se bebió una poción.

—¡Corre! —gritó Steve, pero no fueron lo suficientemente rápidos. La bruja ya estaba justo detrás de ellos. Steve sacó su espada de diamante y arremetió contra la bruja, que sujetaba una poción. Durante la lucha, la bruja vertió la poción sobre Steve.

—¡No! —exclamó Kyra, alarmada.

Steve se quejó, debilitado. Kyra corrió hacia él a darle un poco de leche para ayudarle a recuperar su fuerza.

Entonces, la bruja se abalanzó contra Kyra, pero esta la golpeó con todas sus fuerzas y consiguió derrotarla.

—Ahora tendrás la fuerza suficiente para ganar la competencia —le dijo Kyra a Steve, dándole un poco más de leche.

—Ojalá fuera tan sencillo... —se lamentó Steve—. Por lo pronto, tenemos que regresar sin falta a la casa. Se está haciendo de noche y las criaturas hostiles no tardarán en salir a merodear.

Ambos empezaron a correr, pero la casa aún quedaba lejos y había empezado a anochecer. De repente se oyó un estruendo en la distancia.

—¿Qué habrá sido eso? —preguntó Kyra.

—Pues espero que no haya sido mi casa.

Preocupados, se apresuraron en llegar a la casa, esperando que todo estuviera en orden y así poder iniciar sin contratiempos su viaje a la competencia.

2
INTERPRETANDO EL MAPA

Bajo los pies de Henry había una pequeña área de césped quemada.

—¿Qué ha pasado? —preguntó Steve.

—¡Había un creeper! —dijo Lucy—. Por suerte, Max lo destruyó.

—¡Yo maté a un esqueleto! —declaró Henry con orgullo.

—Tampoco es algo de lo que presumir, Henry —dijo Lucy, burlándose.

Steve encendió una antorcha.

—Está demasiado oscuro como para quedarnos aquí fuera. Vamos a dormir. Mañana tenemos un largo viaje a la Isla Champiñón y necesitamos estar descansados. Kyra, puedes quedarte aquí con nosotros si quieres.

—Gracias —contestó Kyra.

El grupo entró en la habitación, cada uno directo a su cama, cuando Max señaló hacia un par de ojos rojos en una de las paredes.

—¡Cuidado, es una araña! —advirtió Kyra. La araña se había camuflado en la parte más oscura de la habitación, pero sus ojos la delataban.

La araña empezó a subir por la pared.

Henry sacó su arco y una flecha, y apuntó a la araña que se disponía a saltar sobre ellos. La flecha alcanzó a la araña y la destruyó.

—¡Buen trabajo, Henry! —lo felicitó Steve.

Al fin, se fueron a dormir cada uno a su cama, soñando con las aventuras que vivirían al día siguiente.

Cuando despertaron, Lucy se encargó de asar una gallina que ella misma había cazado y todos comieron manzanas.

—Necesitamos que nuestras barras de hambre estén al máximo antes de partir —les recordó Steve, mientras entre todos engullían aquel banquete de desayuno.

La competencia se iba a celebrar muy lejos y Max se había pasado la mayor parte del tiempo estudiando el mapa para no perderse.

—También debemos cargar nuestros inventarios al máximo —comentó—. Este viaje no va a ser fácil y, además, tengo la esperanza de que nos encontremos algún tesoro en el camino.

—¡Max! —le reprochó Lucy—. Esto no es un viaje en busca de tesoros, sino para ayudar a Steve a llegar a la competencia y animarlo.

Max dirigió a los demás en su camino a la isla. Tras caminar a través de lo que parecían campos de hierba interminables, Kyra preguntó qué iban a hacer aquella noche para refugiarse.

—Tranquila, vengo preparado —contestó Steve—. Tengo madera suficiente para construirnos un refugio cada noche.

—¿De madera? Podría arder en menos de un minuto si llegara un creeper. Pensé que serías más listo, Steve —dijo Henry.

—Es nuestra única opción, así que tendremos que correr el riesgo —insistió Steve.

—¡Vaya! —Lucy no daba crédito a lo que oía—. ¡Me gusta este nuevo Steve! Por fin te arriesgas.

—Estoy deseando llegar a la competencia —confesó Steve. Estaba ansioso por construir la casa para la competencia. Tenía tantas ideas, estaba impaciente por empezar la obra.

Al salir de la casa, Rufus empezó a ladrar a los chicos.

—¿Deberíamos llevárnoslo? —preguntó Kyra y el perro miró a Steve.

—Creo que sería demasiado ya. Mejor que se quede y juegue con Snuggles. —A Steve se le rompía el corazón. Quería llevarse a Rufus y a Snuggles también, pero era un viaje muy largo. Además, sabía que estarían más seguros en casa.

—¡El mapa! —gritó Max, alarmando al grupo—. ¡No lo encuentro!

—¿Crees que alguien lo haya podido tomar? —le preguntó Henry.

La preocupación asaltó a Steve, quien intentó reprimir las lágrimas.

—Sin el mapa no llegaremos a tiempo para la competencia y tendré que abandonar mi plaza...

—Me he pasado mucho tiempo estudiándolo, quizá pueda guiarlos por el camino correcto, de memoria —sugirió Max.

—No creo que sea buena idea, Max —dijo Lucy. Max se enfadó.

—¿Se te ocurre algo mejor?

—Tenemos que encontrar el mapa. —Steve volvió a entrar en casa para buscar en su inventario.

—A ver, revisen todos su inventario —ordenó Henry al grupo.

—Recuerdo que en el mapa teníamos que cruzar los campos y la aldea, y luego atravesar la jungla —les comentó Max.

Steve se sentó al lado de Rufus.

—No lo conseguiremos sin el mapa —dijo.

—Lo siento. En cierta manera, la culpa es mía. Yo era el que tenía el mapa —se disculpó Max.

—No es tu culpa —lo tranquilizó Steve—. Pero ahora no podemos ir a la competencia.

Max intentó animar a su amigo.

—¡Claro que podemos! —dijo.

—Yo también recuerdo haber mirado el mapa y Max tiene razón. Teníamos que atravesar la jungla hasta ver agua. La Isla Champiñón estaba justo en el mar, inmediatamente saliendo de la jungla —explicó Henry.

—No me arriesgaré a que nos perdamos, no vale la pena. Jamás llegaríamos a la competencia, y quién sabe si sabríamos llegar a casa luego. Es demasiado arriesgado —insistió Steve, esta vez con más dureza.

—¿Arriesgado? Acepté venir a este viaje aun cuando nos dijiste que dormiríamos en casas de madera cada noche, a riesgo de ser atacados en cualquier momento por un creeper, ¿y ahora te rindes solo por haber perdido el mapa? —le reprochó Kyra.

—¡¿Solo?! Lo dices como si haberlo perdido no fuera gran cosa, pero ¡es la única forma de llegar allí! —contestó Steve.

—Después de lo que pasó con Thomas y todos los problemas que nos causó —dijo Kyra, cambiando de tema—, ¿y si ha sido un griefer el que ha robado el mapa?

—Tampoco podemos hacer nada y tampoco importa ya. No voy a ir a la competencia —admitió Steve, resignado.

Pero Lucy tenía otra teoría acerca del mapa perdido.

—Apuesto lo que quieras a que te lo ha robado otro participante. Quizá temían que ganaras tras haber visto lo perfecta que es tu casa —aseguró Lucy.

—O, simplemente, Max lo perdió —añadió Henry.

—Pero es que no entiendo cómo podría haber ocurrido eso —replicó Max. Estaba molesto. No quería que lo culparan de haber perdido el mapa.

—No puedes rendirte, Steve —le suplicó Lucy—. ¡Con lo ilusionado que estabas!

Steve suspiró.

—Bueno, está bien. Echen todos un vistazo otra vez a sus inventarios.

De repente, Kyra exclamó.

—¡Lo tengo, tengo el mapa!

Todos se quedaron desconcertados.

—No esconderías tú el mapa por envidia de que no te escogieron, ¿verdad? —le preguntó Henry a Kyra.

—Henry, ¡¿cómo puedes siquiera hacer esa pregunta?! —dijo Lucy, molesta—. ¡Kyra es nuestra amiga!

—No. Simplemente apareció en mi inventario —contestó Kyra—. Y me pregunto cómo habrá pasado. Espero que no haya sido obra de un griefer.

Steve volvió a recuperar el ánimo.

—¿Qué importa cómo ha llegado ahí? ¡Ahora podemos irnos!

Kyra le dio el mapa a Max y él los guio en la dirección correcta. Con las vacas pastando en las praderas el viaje parecía bastante pintoresco y tranquilo, hasta que llegaron a una zona con árboles muy frondosos. Con trabajos podían ver más allá de las hojas.

Steve, que iba justo detrás de Kyra, se quedó un poco rezagado y gritó:

—¡Kyra, ¿dónde estás?!

—Detrás del árbol —respondió Kyra. Por la procedencia del sonido, Steve dedujo que se hallaba delante de él e intentó llegar hasta ella.

—¿Cómo se supone que vamos a salir de aquí? —preguntó Henry.

—¡Estamos perdidos en la espesura de la jungla! —dijo Lucy, entre sollozos.

—No se preocupen, tengo el mapa —los tranquilizó Max.

—Sí, pero ¿sabes interpretarlo? —le preguntó Steve.

Nadie respondió.

3
BIENVENIDOS A LA JUNGLA

—¡**M**ax! —gritó Steve.

—No veo a nadie —dijo Lucy con voz temblorosa—. Steve, ¿dónde están los demás?

—¡Chicos, griten sus nombres! —les ordenó Steve.

Kyra, Lucy y Henry gritaron sus nombres al unísono. Max fue el único que no respondió.

—¿Y Max? —preguntó Lucy.

Steve avanzó despacio entre la maleza, llamando a Max. Estaba a punto de darse por vencido cuando oyó a alguien decir:

—¡Estoy aquí!

La voz era muy débil y Steve tampoco estaba seguro de que fuera la de su amigo Max.

—Max, ¿eres tú? —Steve esperaba que sí.

—¡Sí, soy yo! ¡He encontrado un templo! —respondió Max, un poco más cerca—. Estoy yendo hacia ti. Quiero que ustedes lo vean también.

Lucy estaba atónita. Tenían que ir a la competencia de Steve, no había tiempo para buscar tesoros.

—¿Esto aparecía en el mapa? —preguntó.

—No, estaba escondido entre los árboles —le aclaró Max—. Acabo de encontrármelo en mi camino. Un templo en la jungla es muy poco común. Debemos entrar sí o sí, y mirar si hay un cofre con un tesoro.

Henry estaba entusiasmado con la idea.

—¡Podría haber esmeraldas o un libro encantado!

—¿Realmente tenemos tiempo para entrar? —preguntó Kyra al resto del grupo.

—Además, no podemos avanzar más —explicó Steve.

—Pero... ¿dónde está? —insistió Lucy.

Los árboles impedían a los chicos el paso. Eran enormes, al igual que sus hojas verdes que parecían tocar el cielo.

Henry se quedó mirándolos.

—Seguro que si trepáramos por ellos, podríamos jugar entre las nubes.

—Suena peligroso —recalcó Steve—. Imagina qué pasaría si te cayeras de uno de ellos.

—¡A quién le importa trepar árboles! ¡Quiero buscar un tesoro! —repitió Max al tiempo que se acercaba a Steve.

—¡Ah, por fin puedo verte! —Steve avanzó hacia Max.

—Yo no puedo verte, Max —dijo Lucy.

Max sacó las tijeras de su inventario y empezó a cortar las hojas, abriendo así camino para sus amigos, que lo siguieron hasta el templo.

El templo estaba hecho de adoquines cubiertos de musgo. Los chicos se quedaron maravillados al entrar en el edificio de tres pisos.

—Cuidado con las trampas —alertó Henry.

Todos estaban muy atentos por si surgían trampas o criaturas hostiles que estuviesen escondidas en el templo.

—Los tesoros casi siempre están en el piso inferior —indicó Lucy, tomando el papel de guía del grupo.

—¡Cuidado! —gritó Kyra al ver a Lucy a punto de pisar una puerta trampa.

—¡Gracias, Kyra! —dijo Lucy.

Los chicos avanzaron despacio, vigilando cada peldaño que descendían hasta el tesoro.

—No podemos llevarnos el tesoro sin más —les advirtió Max—. Primero hay que resolver la combinación.

La habitación que contenía el cofre tenía tres palancas conectadas a unos engranajes pegajosos.

—¿Cuál de las palancas deberíamos jalar? —preguntó Steve.

Un sonido como de huesos rotos se oyó desde el pasillo.

—¡Oh, no! —exclamó Kyra—. ¡Hay esqueletos!

—¿Alguno tiene una antorcha? —dijo Max.

—No, tendremos que luchar contra ellos. Nadie me alejará de mi tesoro —aseguró Henry.

Este sacó su arco y sus flechas. Max empuñó su espada de diamante. Un esqueleto se arrastró hasta dentro de la habitación y Max arremetió con su espada contra él. Mientras luchaba contra el esqueleto, Henry disparó una flecha con su arco y destruyó a la criatura.

El grupo se acercó alrededor del cofre.

—¿Hay alguna pista que nos indique cómo resolver la combinación? —preguntó Kyra, mirando fijamente las palancas.

Steve tenía miedo de escoger una palanca y jalarla. ¿Y si escogía mal y hacía estallar una bomba? Todos morirían. En ese momento, lamentó que se hubieran topado con el templo. Habría preferido estar lejos, de camino a la isla. La búsqueda de tesoros no era parte del plan, tenía que prepararse para una competencia. Sin embargo, ahora se encontraba de pie ante tres palancas y si accionaba la correcta, sería recompensado con muchos tesoros o, también, podía ser destruido.

Sin querer, Kyra pisó una cuerda trampa en mitad de la habitación y dos flechas salieron disparadas en el aire. Por suerte, el grupo logró esquivarlas.

—¿Están todos bien? —preguntó Steve cuando las flechas pararon.

—¡Lo siento! —se disculpó Kyra.

—No te preocupes. Las cuerdas trampa son difíciles de evitar. Somos cazadores de tesoros, así que hemos pasado por esto mil veces —le recordó Henry.

—¿Qué palanca habría que accionar? —preguntó Steve.

Henry sacó su pico.

—No es necesario accionar nada.

Pico en mano, Henry golpeó fuertemente la pared.

—Podemos echar abajo la pared y conseguir así el tesoro.

—O podemos accionar esta palanca de aquí. —Lucy empujó con confianza la palanca de en medio y un cofre emergió de un agujero en el suelo.

Kyra estaba asombrada.

—¿Cómo has hecho eso?

—Intuición —respondió Lucy. Lentamente, abrió el cofre repleto de oro, esmeraldas, libros encantados y...

—¡Guácala! —exclamó Max. Había carne podrida en el interior.

—Bueno, al menos había algunos tesoros en el cofre, excepto el de la carne podrida —señaló Henry.

Los chicos se repartieron el botín.

—Podemos usar estas esmeraldas para negociar con Eliot, el herrero, cuando volvamos —comentó Steve.

—Estos libros encantados serán útiles cuando tengamos que hechizar una espada —recordó Kyra.

—¡Silencio! —susurró Lucy—. ¿No oyen algo?

Se oían voces arriba. Había alguien más en el templo, pero el grupo debía escapar sin ser descubierto para ocultar mejor su tesoro.

—¿Y cómo saldremos de aquí? —preguntó Kyra.

—Podemos hacer un agujero en la pared y salir a través de él —sugirió Max. Volvió a sacar su pico y empezó a golpear fuertemente la pared. Los demás se unieron a su causa. Se oían pisadas, cada vez más cercanas.

Intentaron cruzar al otro lado, pero ya era demasiado tarde. En la puerta, un hombre con casco negro se alzaba ante ellos y les apuntaba con un arco.

—¡Soy el mayor cazador de tesoros, así que denme ese de ahí! —exigió el hombre con casco.

—¡Jamás! —respondió Henry y agarró su espada de oro.

Steve también sacó su espada de diamante e intentó razonar con el hombre.

—No intentes pelear contra nosotros. Somos cinco. No puedes ganar.

—¿Y quién te ha dicho que estoy solo? —le contestó el hombre con casco.

4
UN POCO MÁS CERCA

Quizá las palabras del hombre con casco eran mentira, pero no iban a quedarse para comprobarlo. Steve arremetió contra el hombre con su espada de diamante, evitando así que este disparara a sus amigos.

Desde el pasillo aparecieron cuatro hombres, también con cascos negros, armados con espadas.

—¡A ellos! —incitó Lucy a los demás.

Steve intentó atacar al hombre del casco. Este echó a correr, pero lo alcanzó a tiempo y sostuvo su espada contra su pecho.

—No queremos pelear —le aseguró Steve—. Solo déjanos ir con el tesoro.

—¡Nunca! —contestó el hombre.

Entonces, uno de sus esbirros se lanzó contra Steve con una espada de oro.

Pero Max fue más rápido y consiguió frenarlo disparándole una flecha.

El ruido de los aceros chocando en batalla resonaba por toda la habitación. Henry se encontraba en plena lucha contra otro hombre hasta que Lucy sacó su arco y le disparó una flecha, acabando con él.

—¡Cuidado, eso ha estado cerca! —protestó Henry—. ¡Podrías haberme matado con tu flecha, Lucy!

—Pero no lo he hecho —le recordó Lucy mientras corría a ayudar a Max y a Kyra, quienes estaban luchando contra el resto de los enemigos.

Aquella era una batalla reñida. El contrincante de Steve era inteligente y rápido, sus estocadas apenas lo rozaban. La barra de salud de Steve empezaba a disminuir bastante, necesitaba ayuda.

—¡Soy tan fuerte que podría enfrentarme a ti incluso sin armas! —declaró el hombre, dirigiéndose a Steve—. Conseguiré ese tesoro, cueste lo que cueste. Y ustedes jamás saldrán vivos de aquí.

—¡Sí que lo haremos! —Steve respiró profundamente y arremetió contra el cazador de tesoros con todas sus fuerzas, derrotándolo al fin.

—¡Ayúdennos! —le gritó Henry, quien luchaba junto a Max contra otro cazador. Pero su contrincante se descuidó al ver la derrota de su líder y Henry aprovechó para destruir al saqueador.

Ya solo quedaban dos hombres más. Uno de ellos sacó un arco y una flecha.

—Tengo una idea —dijo Lucy al grupo—. ¡Corran hacia el agujero que hay en la pared!

Los chicos se apresuraron a la salida, seguidos de cerca por los dos hombres. Cuando Lucy vio que sus amigos estaban saliendo ya, fue a toda velocidad hacia las palancas, accionó una y corrió tan rápido como pudo.

Una tremenda explosión destruyó toda la habitación.

—¡Lucy! —gritó Max entre el humo—. ¿Estás bien? ¿Habrá conseguido salir?

—Sí, tranquilo, estoy aquí —respondió Lucy.

Atravesando las ruinas, consiguieron llegar hasta el primer piso del templo.

—¡Tenemos que salir de aquí! —dijo Max a los demás, mientras buscaban una salida.

—Oigo más voces —comentó Kyra.

—¡Este sitio está infestado de cazadores de tesoros! —exclamó Henry.

En su prisa por salir del templo, Steve advirtió la figura de otro cazador de tesoros, con casco verde.

El cazador sacó un arco y una flecha.

—¡Espera! —le gritó Steve—. No llevamos nada, así que no tienes ninguna razón para atacarnos. El tesoro fue destruido con la explosión y tampoco tenemos nada de valor que puedas querer.

—Eres un pésimo cazador de tesoros. Cualquiera habría sabido resolver la combinación para conseguir el tesoro —dijo el cazador de casco verde, abalanzándose sobre Steve con su espada.

—Lo que digas, damos lástima —contestó Steve protegiéndose del ataque y arremetiendo después contra el cazador.

Tras haber destruido al último enemigo, encontraron la salida.

—¡Dios mío, Steve, has mentido! —dijo Kyra, asombrada.

—¡Y además lo destruiste! —añadió Henry, también impresionado.

—No quería luchar contra él —confesó Steve.

—Lo sé, por eso nos sorprende tanto —explicó Kyra.

—A veces uno debe defenderse o contar una mentira piadosa para salir de una situación complicada —alegó Steve a la defensiva.

—Bueno, ahora no sé si puedo confiar en ti, amigo mío —bromeó Henry.

Los chicos tuvieron que dejar de molestar a Steve por su mentira. Un ocelote salvaje de ojos verdes avanzaba hacia ellos.

—¿Alguien tiene pescado? —preguntó Steve.

Lucy tomó un poco de pescado de su inventario y se lo ofreció al ocelote salvaje, cuyo pelaje, lleno de manchas, se volvió negro con las patas blancas tras comerse el pescado.

—¡Ooooh! —dijo Lucy con ternura al ver al animal—. Ahora está domesticado. ¡Por fin tengo una mascota!

—Los cazadores de tesoros no podemos tener mascotas —le recordó Henry—. Siempre vamos de aquí para allá.

—¿Y si nos lo llevamos a casa con Snuggles? —sugirió Steve.

—Voy a ponerle un nombre —decidió Lucy mientras el ocelote ronroneaba—. Te llamaré Jasmine.

Steve sabía cuánto le ilusionaba a Lucy quedarse con el felino, al igual que sabía que, si no se apresuraban a llegar al mar, se perderían la competencia.

—Lucy, tráelo con nosotros. Me lo quedaré en la granja —aseguró.

Junto a su nueva mascota, el grupo se centró en encontrar el mar.

—Creo que la manera más fácil de encontrarlo es quemando una pequeña parte de la jungla. Cruzar estos árboles nos llevaría demasiado tiempo, pero si los quemásemos podríamos caminar más rápido sobre suelo llano.

Todos estuvieron de acuerdo, por lo que Steve combinó pedernal y acero para hacer fuego. Observaron cómo los árboles verdes se volvían rojos conforme el fuego se extendía a través de la jungla, dejando a su paso un camino hacia el mar.

Steve contempló las brillantes aguas azules. Sin embargo, no distinguió ninguna isla a lo lejos, era como si el azul del mar no se acabara nunca.

—¿Estás seguro de que este es el camino correcto, Max? —le preguntó Steve.

Tenía miedo de embarcar y perderse en medio del océano.

—Que sí, tranquilo —le aseguró Max—. Solo nos faltan los barcos.

Kyra empezó a construir un barco para cada uno de sus amigos.

—¡Yo quiero un barco pirata! —pidió Max.

—¡Yo un transatlántico! —suplicó Lucy.

—No tenemos tiempo para que Kyra les haga barcos tan lujosos —les recordó Steve a todos.

—No se preocupen, chicos. Tengo un montón de ideas fantásticas. Tendrán sus barcos de ensueño.

Antes de partir, Lucy se dedicó a cazar gallinas y a cocinarlas para el grupo, mientras Kyra trabajaba sin descanso en los barcos.

Kyra se acercó para tomar una alita de pollo.

—Ya quiero que Max vea su barco —dijo.

Era un pequeño barco pirata de madera.

Max intentó imitar a un pirata.

—¡Arríen las velas, grumetes! —ordenó—. Gracias, Kyra. ¡Me encanta!

Para Lucy, Kyra había construido un pequeño yate y dos veleros a juego para Henry y Steve. Para ella misma, se había hecho un sencillo bote de remos.

—He usado bloques de comandos para que los barcos se muevan. ¡Vayamos a surcar los mares! —Kyra estaba muy emocionada.

—Próxima parada, ¡Isla Champiñón! —anunció Lucy. Después se despidió de Jasmine, sabiendo que el animal se teletransportaría a la granja de Steve y volverían a reunirse.

Steve miró el mar por la borda de su velero.

—Es precioso —dijo.

Un fuerte estruendo interrumpió su tranquila travesía.

—¿Oyeron eso? —preguntó Henry.

—¡Ha sido un trueno! —advirtió Steve.

Conforme el agua caía sobre el suelo de su barco, Steve corrió a asegurar fuertemente el mástil.

—¡Agárrense! —chilló Kyra.

Pero era más fácil decirlo que hacerlo bajo aquella tormenta.

5
LLEGANDO A LA
ISLA CHAMPIÑÓN

La lluvia y el agua del mar inundaban los barcos.

—¡Nos iremos a pique! —exclamó Lucy, aterrada.

—Tranquila, todo saldrá bien. Solo tenemos que sujetarnos con fuerza —dijo Kyra. Sabía que sus barcos eran capaces de aguantar la feroz tormenta.

Los relámpagos caían sin cesar desde el cielo. Steve estaba muerto de miedo.

—No quiero que me caiga uno.

—¡Nadie quiere! —replicó Kyra—. Agárrense fuerte. Pasará. Ya casi puedo ver el sol.

Steve y los demás no le creyeron. Steve dudaba incluso de que Kyra confiase tanto en sí misma. Pero aguantaron mientras sus barcos eran azotados por la tempestad y sus cuerpos se empapaban bajo la lluvia.

Steve estaba mojado y muerto de frío. Deseaba llegar ya a la Isla Champiñón y construir la casa de sus sueños para la competencia. Tras casi caerse del barco, decidió distraerse pensando en cómo construiría la casa. Sería resistente al agua y lo suficientemente acogedora como para querer cobijarse allí durante una tormenta. El sitio perfecto que todos querrían, con ventanas grandes para contemplar la magnífica vista al mar de la Isla Champiñón. Claro que primero debía llegar hasta allí. Con la caída de otro relámpago, iluminando el cielo oscuro, Steve comenzó a preguntarse si lo conseguirían.

—¡Madre mía! Un relámpago ha caído sobre mi bloque de comandos y ahora mi barco no funciona —dijo Lucy, presa del pánico.

—¡Salta al mío! —le dijo Henry mientras dirigía su barco hacia el pequeño yate.

Al intentar saltar estuvo a punto de caerse al agua, pero Henry la tomó de la mano para sujetarla.

—Gracias, Henry —le dijo Lucy.

Finalmente, la lluvia cesó, las aguas se calmaron y los truenos y relámpagos pararon.

—Ya les dije que había visto el sol —comentó Kyra.

—Siento que el yate sufriera daños... —le dijo Lucy, apenada.

—Es solo un barco, y tú eres mi amiga. Tú eres mucho más importante. Siempre puedo volver a construir otro barco, pero no puedo construir otra como tú.

El sol pegaba fuerte de camino a la Isla Champiñón.

Steve estaba entusiasmado y nervioso al mismo tiempo.

—¡No puedo creer que ya casi hayamos llegado!

—¿Tienes alguna idea de qué vas a construir? —le preguntó Max.

—Sí y espero que a los jueces les guste —respondió Steve, ansioso.

—Seguro que sí —garantizó Henry.

—Creo que la tormenta me ha dejado casi sin energía —dijo Steve—. Necesito comer antes de llegar a la Isla Champiñón o no seré capaz de construir una casa decente.

—¡Vamos a pescar! —propuso Kyra—. Cuando llueve se crean muchos peces, así que es el mejor momento.

—Jamás he pescado —confesó Steve—. No tengo ni idea de cómo se hace. Nunca he fabricado una caña de pescar.

A Kyra le encantaba el mar y había pescado miles de veces.

—¡Yo te ayudaré! —se ofreció.

Con su ayuda, todos hicieron cañas de pescar y esperaron a que algún pez picara. En cuestión de segundos, Steve había conseguido pescar uno.

—¡Corre, agárralo! ¡Si no, saltará al agua! —dijo Kyra.

—¡Yo también tengo uno! —exclamó Lucy, jalando la caña.

—¡He pescado un salmón! —gritó Max, emocionado—. ¡Mmm, qué bueno!

—¡Pues yo, un pez payaso! —presumió Henry.

—Yo no he pescado ningún pez —comentó Kyra.

—Vaya, lo lamento... —dijo Henry.

—¡No lo lamentes! —Y entonces Kyra reveló lo que de verdad había pescado. ¡Un tesoro!

—¡Has pescado un tesoro! —dijo Lucy, asombrada.

Kyra lo mostró a los demás.

—Sí, un libro encantado.

—¡Qué suerte! —dijo Lucy.

—¡Eh, miren! —interrumpió Steve—. ¡Creo que ya veo la Isla Champiñón!

Sus barcos avanzaron hacia allí, muy juntos. Desde las cubiertas, los chicos observaban la isla en la distancia.

—Veo más barcos amarrados allí —informó Kyra.

Steve sabía que esos barcos pertenecían a los otros participantes. Tenía miedo de conocerlos, pero ya no había vuelta atrás. Estaban a punto de llegar a la isla. En breve se encontraría en el muelle junto a otro grupo de arquitectos expertos.

A pesar de que las aguas estaban calmadas, Steve se sentía inquieto. Hizo un reconocimiento de la isla. Cada vez estaban más cerca y su estómago cada vez más revuelto. Esta era su primera competencia. Nunca antes lo habían invitado a participar en nada. Respiró hondo e intentó sentir el calor del sol en su rostro. Se dijo a sí mismo que lo haría lo mejor posible y no dejaría que ni los jueces ni el resto de los participantes lo distrajeran.

—¡Ya casi llegamos! —avisó Lucy. Se podía ver la costa.

Max señaló algo en la distancia.

—¡Miren esas enormes setas rojas! ¡Están por todas partes!

—¡Son increíbles! —exclamó Steve. Siempre le habían dado miedo las cosas nuevas y casi nunca salía de su granja, pero ahora veía setas gigantes, más altas que él, creciendo en los exuberantes paisajes de la isla.

A pocos metros del muelle, Kyra, que iba al frente, les comentó:

—Déjenme amarrar mi barco primero y después les ayudo.

De un salto, Kyra llegó al muelle.

—Los barcos estarán seguros aquí.

—¡Qué maravilla de barcos! Desde luego son únicos —alabó una mujer vestida de color morado.

—¡Gracias! —contestó Kyra.

—¿Eres una de los participantes? —le preguntó la mujer.

—No, estoy aquí por mi amigo Steve. ¿Y tú?

—Mi nombre es Lexi y soy una de los jueces.

Steve, Max, Lucy y Henry acababan de llegar al muelle.

—Steve, ella es Lexi. Una de los jueces de la competencia.

Steve estaba muy nervioso. No quería meter la pata, quería gustarles a los jueces.

—Encantado, Lexi.

—Estoy deseando ver lo que construyes, Steve —dijo Lexi—. Y Kyra, estos barcos son tan impresionantes... puede que te contrate para construirme uno de vuelta a casa.

Habían llegado a tierra firme, sobrevivido a la tormenta y parecía que todo iba a salir bien.

El fuerte rugido de un motor hizo que Steve se diera la vuelta justo a tiempo para ver cómo un barco se aproximaba demasiado rápido al muelle y se estrellaba contra su velero.

—¡Golpeaste mi barco! —exclamó Steve, enfadado.

Un hombre vestido de azul salió del barco.

—Mi nombre es Joshua. He venido aquí para estar con mi amigo, Caleb. Siento mucho lo de tu barco.

Pese a sus disculpas, Steve no creía ni por un momento que se arrepintiera de lo que había hecho.

—Steve, no te preocupes por el barco —lo calmó Kyra—. Te construiré otro.

—¿Eres parte de la competencia también? —le preguntó Joshua a Kyra.

—No, solo he venido para ayudar a mi amigo —contestó ella.

—Así que tú eres como yo —aclaró Joshua.

Steve pensó que Kyra no se parecía a Joshua en absoluto.

6
JUECES Y PARTICIPANTES

Conforme se adentraban en la Isla Champiñón, los chicos se quedaban más impresionados por las enormes setas que se encontraban en su trayecto, a través de una empinada colina hasta una llanura.

—Las setas parecen paraguas gigantes —comentó Lucy.

—Dicen que se puede construir una cabaña con ellas —afirmó Henry.

—Deberíamos comprobarlo mientras Steve está en la competencia —sugirió Lucy.

—Va a ser muy divertido construir aquí, ¿verdad, Steve? —dijo Max.

—¡Pues sí! Estoy feliz de que por una vez estemos en una isla sin creepers, ni zombis, ni demás criaturas hostiles que suelen impedirnos construir cosas —confesó Steve.

Lo que Steve no dijo a sus amigos fue que, a pesar de la ausencia de criaturas hostiles, él aún se sentía inquieto. Nadie había juzgado nunca una obra suya y tenía miedo de perder la competencia. No podía creer que se hubiera pasado tanto tiempo esperándolo y que todo fuera a acabar tan pronto. Era posible que volviera a casa con las manos vacías. La idea de competir era mucho más divertida cuando no estaba allí. Esto iba a requerir trabajar muy duro y él estaba bastante agobiado. Quería hacer un buen trabajo.

Los chicos se adentraron un poco más en la isla y contemplaron el paisaje delante de ellos.

—Me preguntó dónde será la competencia —comentó Kyra.

Un hombre y una mujer, ambos vestidos de morado, se acercaban a ellos.

—Seguro que ellos lo saben —dijo Steve.

El hombre y la mujer de morado se presentaron.

—Soy Jonathan y ella es Sylvia. Y tú debes de ser Steve. Nosotros somos los jueces. Nos gustaría invitarte a una fiesta. Allí conocerás al resto de los participantes.

—¿Puedo ir con mis amigos? —preguntó Steve.

—¡Por supuesto! Cuantos más, mejor —contestó Sylvia.

Jonathan y Sylvia guiaron al grupo hasta la casa donde se hospedarían. Era un edificio muy grande con muchísimas camas.

—Esta es su residencia. Se hospedarán aquí con el resto de los participantes y sus amigos —añadió Sylvia, mostrándoles sus camas.

Steve identificó a Joshua hablando con un amigo. Supuso que sería Caleb. Steve se acercó a ellos.

—¡Hola, Joshua! —saludó Steve.

—Caleb, este es Steve, ya te he hablado de él. Sin querer choqué contra su barco —comentó Joshua—. Perdóname, Steve, de verdad. Me siento muy mal por destrozar tu barco.

Joshua parecía sincero y Steve pensó que quizá lo había juzgado demasiado rápido.

—Tranquilo, te proporcionaremos las herramientas necesarias para repararlo —le aseguró Caleb.

—Es muy amable de su parte, chicos —agradeció Steve.

De repente, se oyeron unas voces por toda la habitación. Eran las de los jueces que, vestidos de morado, hablaban al unísono.

—La fiesta empezará en breve. Reúnanse todos en el escenario que está fuera de la residencia.

Los chicos salieron del edificio y se acercaron al lugar indicado. A los participantes se les pidió que subieran al escenario.

—Estos son los cinco participantes con más talento, escogidos entre cientos de candidatos —anunció Sylvia. Su voz era lo suficientemente fuerte como para que todos la oyeran.

Los invitados observaron cómo Sylvia presentaba a todos y cada uno de los participantes.

—Los participantes, por favor. Cuando diga su nombre suban al escenario.

El primer participante fue Caleb.

Caleb se acercó hasta el escenario.

Después, llamó a Georgia. Steve se quedó mirándola, toda vestida de amarillo. Él era el siguiente. Jamás había estado delante de tanta gente antes, tenía pánico.

—Steve.

Steve se sonrojó y se colocó detrás de Georgia.

Sylvia presentó a los dos últimos participantes: Eli y Sarah. Cuando todo acabó, los participantes bajaron del escenario. Steve odiaba ser el centro de atención.

—¡Vaya, Steve! No sabía que había tanta gente en la competencia. ¡Qué suerte que te hayan elegido! —le dijo Lucy.

Como sabía que Kyra no había sido elegida, Steve no

quiso darle demasiada importancia al asunto. Bajó la mirada y luego miró a Kyra.

—Supongo que sí... —contestó.

—Los participantes diríjanse a la parte izquierda del escenario, por favor —ordenó Lexie.

Steve se juntó con el resto de los competidores. Eli y Georgia se le acercaron para presentarse.

—¡Hola, soy Eli!

—Yo soy Georgia. Solo quería desearte buena suerte.

—Sí, eso, suerte. —Steve apenas podía articular palabra. Estaba muy nervioso por la competencia que estaba a punto de empezar.

—¿Estás nervioso? —le preguntó Georgia, amablemente.

—¿Tanto se me nota? En realidad, un poco, sí... —admitió Steve.

—Yo también —le confesó Georgia, mientras Sarah pasaba a su lado.

—Y yo —se unió Eli, agachando la cabeza mientras lo decía. Parecía avergonzarse de admitir sus nervios.

—¿Están hablando de lo nerviosos que están? —preguntó Sarah.

Steve se rio y asintió.

—¡Nosotros también! —dijo Sarah, señalando a Caleb—. Creo que solo deberíamos centrarnos en dar lo mejor de nosotros mismos.

A Steve le encantaba ver cómo otras personas construían casas.

—Aunque compitamos los unos contra los otros, tengo muchas ganas de ver qué tipo de casas van a construir —confesó.

—Hagamos una promesa. Prometamos dar lo mejor

de nosotros mismos y pasarla genial —propuso Georgia.

Todos lo prometieron.

Caleb iba acompañado por Joshua.

—Creía que esta zona era solo para competidores —le dijo Sarah a Caleb, quien agachó la cabeza y se fue. A Steve le pareció oír a Caleb murmurar algo, pero no estaba seguro.

Los jueces tocaron un silbato y todos se volvieron. A continuación, Jonathan explicó las normas de la competencia.

—Cada participante tiene una semana para construir la casa. Si no cuentan con suficientes recursos, no tengan reparos en explotar los recursos de la isla. Pero recuerden, sus casas deben estar acabadas al terminar la semana.

—Nuestra decisión se basará en la originalidad y resistencia de sus obras —añadió Sylvia.

—Todos sabemos que en la Isla Champiñón no hay criaturas hostiles como las que deambulan y destruyen los biomas del Mundo Principal, pero aun así queremos que sus casas sean resistentes a cualquier imprevisto, así que... ¡muéstrennos lo que saben hacer!

—¡Buena suerte a todos! —les deseó Jonathan.

—¡Que comience la competencia! —anunció Sylvia.

La carrera a contrarreloj había empezado. Steve fue hasta la llanura en la que construiría su casa durante la próxima semana. Y sí, quizá no había criaturas hostiles, pero ahora tenía un nuevo enemigo. El tiempo. Cada minuto que no pasaba construyendo su casa, era un minuto perdido. Solo uno podía ganar.

7
MINAS Y
CHAMPIÑACAS

Steve revisó sus recursos. Los volvió a revisar una segunda vez. Y los volvió a rerrevisar por tercera vez consecutiva. No podía creerlo. Su carbón había desaparecido. Lo necesitaba para hacer los adoquines de su casa. Pero creía haberlo agarrado todo antes de partir.

—¿Cómo pude haber olvidado el carbón? —se preguntó Steve. Estaba desconcertado.

No le quedaba otra opción, tendría que explotar una mina. Perdería tiempo, sí, pero sin carbón no podía construir la casa. Había localizado una mina antes. Se puso el casco, tomó su pico y se fue a cavar.

Steve encendió una antorcha para alumbrar el túnel. Le daba mucha emoción picar en la mina sin tener que preocuparse de ser atacado por arañas de cueva o esqueletos. Empezó a picar la superficie de la roca buscando un estrato más profundo que contuviera carbón.

—Steve —lo llamó una voz.

Steve se volvió para mirar.

—¿Sí?

—Soy Georgia.

Iba cargada con un pico.

—¿Tú también olvidaste algo? —le preguntó Steve sin parar de cavar. No tenía tiempo que perder en conversaciones.

—Sí, carbón —contestó Georgia, empezando a cavar.

—Yo también —dijo Steve.

—¿En serio? Qué raro… —Georgia había encontrado carbón—. Qué bien, al menos aquí hay un montón de carbón.

Steve le enseñó todo el carbón que había recogido hasta ahora.

—Lo sé.

—Pero es extraño, juraría que tenía carbón en mi inventario. Soy de las que siempre salen preparadas, pero quizá estaba muy nerviosa y me olvidé de ello —comentó Georgia.

—¡Yo igual! Estaba seguro de haber traído carbón. Incluso lo revisé todo dos veces —dijo Steve, terminando de recoger el carbón que necesitaba.

—¿Crees que alguien haya podido robar nuestro carbón? —le preguntó Georgia.

—¿Para evitar que ganemos? —siguió Steve, preocupado. Empezaba a creer que Georgia podía tener razón. Él ya había tenido una mala experiencia con Thomas, el griefer, y sabía hasta qué punto podía llegar alguien con malas intenciones.

—Es posible —contestó Georgia, cavando.

—Ya tengo el carbón que necesitaba. Tengo que irme —lamentó Steve—. Pero si ves algo extraño, dímelo y avisaremos a los jueces.

—¿Deberíamos decirles lo del carbón?

—No —contestó Steve—. No sé si nos pueden quitar puntos por olvidar recursos. A lo mejor nadie nos ha robado. A lo mejor solo lo dejamos olvidado. —Steve se encaminó a la salida cargado de carbón, cuando vio entrar a Sarah.

—¿Tú también olvidaste tu carbón? —le preguntó Sarah, al verlo.

—Sí y un poco más adentro verás a Georgia recogiendo carbón también —añadió Steve.

—Es gracioso que a todos nos haya pasado lo mismo. Los nervios previos a la competencia, supongo —alegó Sarah.

—Creo que es demasiada coincidencia que todos nos olvidásemos el carbón. Empiezo a sospechar que hay alguien detrás de todo esto —confesó Steve.

—Pero ¿quién haría algo así? —insistió Sarah.

—Pues alguien que no quiera que ganemos —dedujo Steve.

—Pero eso va contra las normas —dijo Sarah, adentrándose en la mina.

—Ve a recoger tu carbón. No hay tiempo que perder —le dijo Steve—. Yo mantendré los ojos bien abiertos a cualquier comportamiento sospechoso.

—Gracias —le dijo Sarah y empezó a cavar.

Ahora que Steve ya tenía el carbón nada le impedía construir la casa de sus sueños, así que se dirigió a la llanura que le habían asignado y empezó a trabajar en los cimientos. Estaba ansioso por empezar el proyecto. Tras mucho trabajar y sin ningún descanso, Steve empezó a sentirse cansado. Necesitaba incrementar su energía, así que se fue a buscar comida.

Como Steve era granjero, odiaba cazar animales. Había crecido rodeado de ovejas y cerdos en su granja y no soportaba tener que matar a una gallina para comer. Lucy era la cazadora de la pandilla. Siempre cocinando pollo o ternera.

Steve recorrió la isla entera en busca de comida, pero no encontró absolutamente nada para comer. De camino a su casa en construcción, Steve divisó algunas champiñacas bañándose en el lago junto a la casa. Estaba muerto de sed y hambre, así que si ordeñaba a una champiñaca obtendría estofado de champiñones. Steve se acercó a una champiñaca y colocó un cubo al lado del pacífico animal. También sacó sus tijeras y esquiló a otra champiñaca, convirtiéndola así en una vaca normal. Recolectó los champiñones que había esquilado de la champiñaca, antes de que esta se los comiera, y con el cubo ordeñó a la otra. Ahora, Steve tenía muchísimas provisiones de estofado de champiñones y leche. Estaba muy satisfecho.

Con todo el carbón que había recogido, Steve fue capaz de construir todos los ladrillos que necesitaba. Había hecho grandes avances y se sentía como si nada pudiera pararlo. Incluso, si resultara haber un griefer robando carbón, él seguiría construyendo su casa. Una vez que acabó con los cimientos, empezó a construir una pequeña pared con los ladrillos. Estaba contento con cómo estaba quedando.

Al tiempo que trabajaba en su primera pared, anochecía a su alrededor. Pero al no haber allí criaturas hostiles ni nadie que fuera a atacarlo, no le importaba sacrificar parte de sus horas de sueño trabajando durante la noche, así que colocó una antorcha en la pared para que lo alumbrara.

Oyó un gruñido intenso en la distancia. Habría jurado que era un enderman. Sin embargo, se convenció a sí mismo de que no eran más que tonterías, porque no había criaturas hostiles en aquel tipo de bioma.

El gruñido se acercaba cada vez más. Cuando se dio la vuelta, se encontró a dos endermen detrás de él. Procuró no mirarlos directamente o provocarlos, pero ya era demasiado tarde. Los endermen iban a teletransportarse hacia él.

8
LA INVASIÓN

Los dos endermen se encontraban frente a él con la boca abierta. Sus gruñidos se iban haciendo más fuertes. Steve echó a correr. Era una noche oscura. Intentó recordar el camino de vuelta al mar. Aún podía oír a los endermen cada vez que se teletransportaban. ¡Tenía que ir más rápido! Lo seguían de cerca. Rogó que el mar no quedara muy lejos ya. Tras un grito agudo, los endermen aparecieron delante de Steve. Lo único que podía hacer era saltar. Desde el acantilado, se abalanzó al profundo mar.

El agua era como un bálsamo para Steve, quien nadaba a lo largo de la costa sin nada más que la luz de la luna guiándolo a través del mar.

Steve seguía oyendo los gruñidos amenazadores de los endermen, ansiosos por atacarlo. Pero cuando se teletransportaron hacia él y aparecieron en el agua, fueron destruidos en el acto.

Steve oyó gritos a lo lejos y nadó deprisa hacia la orilla para investigar.

—¡Ayuda! —gritó una voz.

Steve corrió hacia el lugar de donde provenía la voz. Conforme se acercaba, se dio cuenta de que era Georgia.

Los competidores tenían prohibido entrar en las zonas de construcción de los demás. Lo decían las normas.

Si un competidor entraba en la zona asignada a otro, ambos serían descalificados inmediatamente. Así los jueces evitaban que los participantes se robaran ideas entre ellos. Pero Steve sabía que Georgia corría peligro y debía romper las reglas para salvarla.

Llegó a tiempo para ver cómo tres endermen se teletransportaban hacia ella. Sacó su arco y les disparó, alcanzando a uno de ellos, pero el enderman ni se inmutó. Los endermen eran difíciles de matar debido a su gran barra de salud.

Los endermen, al ver a Steve amenazándolos con su arco, se alejaron de Georgia para perseguirlo. Este tomó su espada de diamante, pero era inútil. Era imposible luchar contra tres endermen.

Pese a que era una batalla perdida debía intentarlo. Steve arremetió contra uno de ellos con su espada. Justo cuando creyó que iba a morir, Georgia apareció con cubos llenos de agua y los vació sobre los endermen, destruyéndolos.

—¡Gracias, me has salvado! —exclamó Steve agradecido, aunque algo receloso por si aparecían más endermen por la zona.

—No, ¡tú me has salvado a mí! —dijo Georgia.

—Nos hemos salvado el uno al otro —aseguró Steve y se apresuró a recoger las perlas de enderman que se habían generado tras ser destruidos.

—¿Qué estás haciendo? —preguntó Georgia con curiosidad.

—Toma, agarra algunas. Son bastante útiles si necesitas teletransportarte lejos de alguna criatura hostil. —Steve le dio las perlas a Georgia—. Pero no te las comas, son muy tóxicas y pueden bajar tu barra de salud.

—¿De qué otras criaturas hostiles debo huir aquí?

Creía que la Isla Champiñón no tenía ninguna —dijo Georgia—. Así que, ¿qué hacían esos endermen aquí?

Steve también estaba confundido.

—No tengo ni idea, Georgia, pero sospecho que por la misma razón por la que a todos nos faltaba carbón. Esto tiene que ser obra de un griefer.

—¿Crees que es otro participante?

—No lo sé —contestó Steve—, pero pienso averiguarlo. No permitiré que un griefer arruine la competencia. Quiero competir justamente, sin trampas.

—Estoy de acuerdo contigo, así que te ayudaré a encontrarlo —declaró Georgia.

La oscuridad de la noche desaparecía poco a poco.

—Tengo que irme. No quiero ver nada de tu casa, sin querer —aclaró Steve y se dirigió a la suya.

Mientras Steve trabajaba en su casa, una sirena resonó por toda la isla. Cuando acabó, Sylvia dio un aviso.

—A todos los participantes. Por favor, preséntense en el escenario.

De camino al escenario, se preguntó de cuál sería el motivo de la reunión. Sin embargo, tan pronto como pisó el escenario supo lo que iba a decir Sylvia. Hizo un rápido recuento. Solo había cuatro participantes, incluido él. ¡Alguien había desaparecido!

Sylvia se encontraba en el escenario al lado del resto de los jueces, Lexie y Jonathan.

—Esta noche hemos sufrido algo muy inusual, un ataque por parte de unos endermen. También hemos perdido a uno de nuestros competidores, Eli. Ha vuelto a su casa y no le será posible seguir compitiendo, porque está muy lejos de aquí.

Steve estaba confundido y preocupado. Si no hubiera

saltado desde el acantilado, ahora podría estar muerto y haberse regenerado de vuelta en casa.

—Qué pena —dijo Sarah—. Yo también he visto a dos endermen, pero por suerte tenía una calabaza en mi inventario y pude hacerme una máscara para que no me vieran. Pero ¿cómo llegaron los endermen a la isla?

—No tenemos ni idea —aseguró Sylvia con tristeza—. ¿Todos vieron esta noche a los endermen?

Todos asintieron y empezaron a relatar sus historias con los endermen. Georgia les contó lo valiente que Steve había sido.

—El resto de los jueces y yo hemos decidido que todos debemos hacernos máscaras de calabaza, para tenerlas a la mano en caso de otro ataque —les comunicó Sylvia—. Vamos a llegar al fondo de este asunto y si uno de ustedes resulta ser el responsable de invocar a los endermen, será descalificado de la competencia en el acto.

—¿Y qué pasará con la plaza de Eli? —preguntó Caleb.

—Nadie tomará su plaza —resolvió Sylvia—. La competencia ahora es entre cuatro, pero si perdemos a alguien más, será anulada.

—¡¿Anulada?! —protestó Caleb, indignado.

—Es lo más justo —aclaró Sylvia.

—¿Eli es la única persona que se ha regenerado en casa? —preguntó Steve. Había estado tan ocupado con la casa que se había olvidado de sus amigos. Estaba preocupado por ellos. ¿Y si los endermen los habían atacado a ellos también?

—Precisamente, lo que nos intriga es que los endermen solo atacaron a los competidores —señaló Sylvia.

Sus palabras recorrieron a Steve como un escalofrío. Pero ¿quién querría estropear la competencia?

Tras la reunión, Steve regresó a su casa. Al llegar, distinguió una pequeña criatura con un ojo rojo en la entrada. ¡Era un endermite! ¡La invasión aún no había acabado!

Casi había amanecido y muy pronto los endermen dejarían de asustar a los competidores. Pero si había endermites, quería decir que aún había endermen. Era solo cuestión de tiempo que volvieran a atacar.

Steve destruyó al endermite con su espada de diamante. Eran más fáciles de vencer que los endermen, el problema era que nunca viajaban solos. Tomó la calabaza que tenía en el inventario para hacer una máscara, pero ni siquiera tuvo tiempo. De repente, el característico chasquido de un enderman al teletransportarse llegó hasta su oído. ¡Ahora sí que estaba en problemas!

9
LOS
ENDERMITES

El enderman se plantó justo delante de Steve. Por lo general, los endermen eran bastante pasivos a menos que se les provocara, pero estos endermen parecían bastante agresivos. Quizá la falta de criaturas hostiles era lo que hacía más fuertes a estos monstruos de ojos morados, pensó Steve.

Al tiempo que el enderman se teletransportaba hacia Steve, el endermite empezó a trepar por él. Antes de poder luchar contra el enderman, debía encargarse del endermite. Afortunadamente, su vecino, Adam, era experto en pociones y, antes de partir, le había proporcionado un montón de ellas. Corrió hasta el cofre en el que las tenía guardadas y sacó una poción de área de daño. La arrojó sobre el endermite. Este fue destruido, dejando atrás un rastro de polvo morado.

Steve localizó otro endermite entre el humo morado y se abalanzó contra el bicho con su espada. Cuando alzó la mirada, el agresivo enderman estaba delante de él. Arremetió contra el monstruo, debilitándolo. Lanzó un nuevo ataque y lo destruyó. Recogió la perla de enderman y, a lo lejos, vio ir hacia él un ejército entero de endermen.

Echó a correr hacia el mar, pero había demasiados persiguiéndolo y su barra de salud estaba muy baja. ¡No lo conseguiría!

Mientras corría hacia la orilla, Steve pensaba en Rufus y Snuggles. Cuando se regenerase, estaría de vuelta en su granja, su cómoda cama y con ellos. Estaba a punto de darse por vencido cuando oyó el quejido de un enderman al ser derrotado. Steve se volvió y vio a Max, a Henry, a Lucy y a Kyra con sus armaduras luchando contra los endermen.

Kyra hundió su espada de oro en uno de ellos, mientras Lucy abatía a otro.

—¡Llévenlos hasta el agua! —les gritó Steve, a la vez que sacaba su espada de diamante y se unía a la lucha.

La batalla se avivaba mientras el grupo atraía a los endermen al acantilado, con la esperanza de que cayeran al agua.

Ya en el borde, Steve les gritó:

—¡Salten!

Lucy, Max, Henry y Kyra saltaron al agua, seguidos de los endermen.

—¡Nos hemos salvado! —exclamó Lucy con regocijo.

—¡Sigues en la competencia! —le dijo Henry a Steve—. ¡Esto es genial!

—Ya sé que esto no ha sido agradable para ti, pero me he divertido mucho luchando contra los endermen —confesó Max—. Empezaba a aburrirme de estar sentado esperando a que acabara la competencia.

—Muy amable, Max —le reprochó Lucy.

—Yo estoy de acuerdo con Max. Me ha encantado luchar mano a mano contra los endermen —admitió Henry también.

—Bueno, me alegro de que haya acabado —dijo Steve, aliviado, pero al acercarse a la orilla descubrieron que aquello no había hecho más que empezar.

La costa se encontraba infestada de endermites negros que emitían auras moradas a su alrededor.

—¡No salgan del agua! —les advirtió Henry—. No hasta que tengamos un plan.

Kyra se quedó mirando a los bichos, desconcertada.

—¿Y cómo se supone que vamos a destruirlos? ¡Hay cientos de ellos!

—Yo tengo una poción de área de daño. Podemos arrojársela a un grupo y luego usar nuestras espadas —sugirió Steve.

—Suena a batalla perdida, pero podemos intentarlo —apoyó Henry, poco convencido.

Cada uno se armó con una poción de área de daño y, tan pronto salieron del agua, se las arrojaron, destruyéndolos. Pero los endermites se regeneraban al instante.

—¿Cómo vamos a ganar? —se preguntó Lucy.

A lo lejos, Steve vio a Georgia, a Caleb y a Sarah aproximándose a la costa. Iban preparados con sus armaduras para unirse a la batalla.

Los tres pelearon y destruyeron unos cuantos endermites más. Tras acabar con la gran mayoría de esos horrorosos bichos, empezaban a confiar en una posible victoria, aunque aún tenían sus dudas.

Unos gritos de ayuda los distrajeron. Querían saber quién les pedía ayuda, pero estaban demasiado ocupados peleando. Si se desconcentraban, corrían el riesgo de perder la batalla.

—¡Ayúdennos! —insistieron las voces.

Unos segundos después, los jueces corrían en dirección

a la orilla, seguidos muy de cerca por cuatro endermen.

Georgia, Caleb y Sarah se abalanzaron sobre ellos con sus espadas. Steve corrió a ayudarlos.

Lucy, Max, Henry y Kyra siguieron eliminando endermites hasta exterminarlos a todos.

Cuando acabaron, todos miraron la costa despejada con alivio y muy cansados.

—Necesito comer. Mi barra de hambre está muy baja —comentó Steve al grupo. La verdad, no se encontraba nada bien.

—Me ha parecido ver unas pocas champiñacas en la cima de la colina —dijo Georgia—. Podemos ordeñarlas y conseguir estofado de champiñones.

El grupo se encaminó a los pastos donde se encontraban las champiñacas, pero apenas tenían fuerza suficiente para subir la colina.

Las champiñacas pastaban pacíficamente. Steve se acercó a una con un cubo y empezó a ordeñarla. Compartió estofado con los demás y, cuando todos hubieron comido, analizaron lo que había pasado.

—¿Quién puede haber invocado a los endermen y a los endermites? —preguntó Sarah.

—Alguien que desea acabar con la competencia —contestó Sylvia.

—Pero ¿quién iba a querer destruir una competencia en la que cuesta tanto participar? —comentó Steve.

—Solo quedamos cuatro —observó Caleb—. No me importa luchar contra cualquier criatura hostil con tal de seguir la competencia.

—Respecto a eso, tenemos buenas noticias —interrumpió Lexie—. Eli volverá y seguirá participando, pero construirá una casa más pequeña.

Todos se alegraron por la noticia, aunque seguían temiendo que la competencia se cancelara. Por ello, acordaron luchar para que esta continuara en marcha. Los chicos estaban tan hambrientos que devoraban la comida. Entonces, vieron a Joshua subiendo la colina.

—¿Dónde estabas? —preguntó Caleb—. Fuimos atacados por endermen y endermites.

—No sabía que hubiera endermen en la isla —se apresuró a contestar Joshua.

—Pues sí que hay, o había... ¿No nos oíste pedir ayuda a gritos? —le reprochó Caleb.

—Pues no, estaba en el muelle, reparando el barco que te estropeé —le dijo Joshua a Steve.

—Gracias —respondió Steve—, pero si no paramos esta invasión de endermen, puede que no necesite un barco para volver. Me matarán y me regeneraré en mi casa, pero ya no podré competir.

—Pero eso sería terrible —dijo Joshua con frialdad.

—Pues sí —garantizó Sylvia, mientras estudiaba a Joshua.

Steve se dio cuenta entonces de que no era la única persona que no confiaba en Joshua.

Cuando acabaron de comer, cada uno se fue por su lado. Con la barra de salud al máximo, Steve estaba entusiasmado por seguir con su casa. De camino a su zona, dio un rodeo por el muelle y vio su barco, con el agujero de la colisión. No había sido reparado.

10
ALGO EXTRAÑO

Mientras Steve trabajaba en su casa, intentaba convencerse de que Joshua era inocente. No tenía ningún motivo para fastidiar la competencia. Además, era el amigo de Caleb y había ido a apoyarlo. Sin embargo, no paraba de pensar en Thomas, el griefer, y en todos los problemas que les causó a sus amigos. Había algo en Joshua que hacía desconfiar a Steve.

Construyó una larga ventana que miraba al mar. Su casa de ensueño ya iba tomando forma, tal como la había diseñado. No podía estar más feliz. Con los endermites lejos, Steve había aprovechado para adelantar su obra. También, se había hecho una máscara de calabaza. Quería estar preparado por si se producía otra invasión.

Se oyó una sirena por toda la isla. Steve ya sabía que era otro aviso. A través de los altavoces, se oyó la voz de Sylvia.

—Atención. Acudan por favor al escenario. Vamos a celebrar un banquete y están todos invitados.

Cuando Steve llegó al escenario, se encontró con Sarah y Georgia charlando y riendo.

—¿Qué es tan divertido? —preguntó Steve.

—Le estaba contando a Sarah mi odisea para llegar aquí. Estaba a punto de contarle cómo tuve que arreglármelas para encontrar el destino sin un mapa —contó Georgia.

—¿Sabes qué? —siguió Sarah—. ¡Yo también perdí mi mapa! ¡Estaba tan desesperada! Pero al final conseguí llegar porque…

Sarah paró de hablar de golpe al ver la cara de Steve, quien se había quedado petrificado.

—¿Qué pasa, Steve? —le preguntó Georgia.

—Yo perdí mi mapa, también —dijo Steve—. Al principio, le echamos la culpa a Max, pero luego reapareció y ya nos olvidamos del tema.

—¡El mío también reapareció! —exclamó Sarah.

—¡Y el mío! —se sumó Georgia—. Y sin explicación alguna… Quiero decir, un segundo estaba perdido y al siguiente ahí estaba. Era de locos.

Georgia no podía creer que las experiencias de Sarah y Steve fueran iguales a la suya.

—Y luego está lo del carbón —añadió Steve.

—Es increíble que tengamos tantísimo en común —destacó Sarah.

Steve estaba preocupado.

—No pienso que sea increíble. Creo que están jugando con nosotros. Alguien está saboteando la competencia —explicó Steve.

Steve se acercó a Caleb, quien hablaba con su amigo Joshua, y les preguntó sobre su experiencia para llegar allá.

—¿Les resultó fácil llegar? —preguntó.

—¡Súper fácil! —contestó Caleb—. Teníamos un mapa y con él llegamos hasta aquí sin ningún problema.

—¿Lo perdieron en algún momento? —continuó Steve.

—No, nosotros no perdemos mapas. Somos muy responsables —puntualizó Joshua.

—Yo también soy responsable y perdí mi mapa —prorrumpió Steve.

Joshua sonrió.

—Bueno, me alegro de que consiguieras llegar.

Steve se disculpó y abandonó la conversación para ir por Max, Henry, Lucy y Kyra.

—¡Eh, Steve! —lo saludó Lucy—. ¿Cómo va la casa?

—No estoy preocupado por mi casa, sino por la competencia. Sospecho que Joshua quiere sabotearla.

—¿Por qué haría eso? —preguntó Henry.

—No lo sé —contestó Steve. A continuación, les explicó las experiencias del resto de los competidores y las extrañas coincidencias, como la del carbón.

—Suena a que es un griefer —comentó Max.

—Y sabemos cómo tratar con griefers —añadió Henry.

—El problema es que no tengo tiempo de vigilarlo, porque tengo que trabajar. ¿Podrían ustedes hacerlo por mí? —les pidió Steve a sus amigos.

No quería ser distraído por un griefer. Solo quería centrarse en construir su casa. Ya tenía un montón de ideas para el interior. Iba a construir una chimenea y una terraza en el segundo piso. Ahora que la base ya estaba hecha, podía centrarse en los detalles.

Los amigos de Steve prometieron echarle un ojo a Joshua. Todo parecía que iba a ir bien, hasta que Steve oyó un rugido muy fuerte.

Sarah echó un vistazo al cielo y gritó:

—¡Miren!

Un dragón del Fin los sobrevolaba. Y puesto que no estaban en el Fin, alguien tenía que haber invocado a esta infame criatura alada. Aquello solo podía ser obra de un griefer.

—¡Hay otro justo detrás de él! —exclamó Georgia.

Todo el mundo corrió hacia la residencia a buscar

refugio, mientras los dragones del Fin volaban por el cielo.

Steve fue tras sus amigos hasta la residencia, seguidos de cerca por uno de los dragones. Justo antes de que la bestia lo alcanzara, Steve cruzó las puertas del edificio. Respiró aliviado y, acto seguido, empezó a trazar un plan.

11
EL DRAGÓN DEL FIN NO ES EL FIN

Una de las alas del dragón chocó contra la parte lateral de la residencia, derrumbando la pared. Los chicos se refugiaron de los escombros que cayeron.

Por un agujero en la pared, Steve disparó una flecha con su arco al vientre del dragón.

—¡En el blanco! —exclamó Steve, pero un solo disparo no dañaría a la bestia.

—¡Preparen todos sus arcos y flechas! —les ordenó Henry.

—¡Si disparamos todos al mismo tiempo podemos vencerlo! —los animó Steve.

El grupo tomó posición y, cuando el dragón sobrevoló el tejado, una lluvia de flechas cayó sobre él, mientras polvo y algunos escombros caían cerca de los chicos desde el tejado.

—¡No se quiten los cascos! —les advirtió Lucy—. Nos protegerán de desprendimientos en el edificio.

Los dragones del Fin destruían todo a su paso. Steve suplicó que solo hubiera dos volando alrededor de la residencia, porque si uno de los dragones se alejaba hacia alguna de las casas de los competidores, esta sería destruida.

Las flechas herían al dragón, que se debilitaba conforme los chicos lo seguían atacando.

Steve se colocó junto a Joshua y lo observó luchar contra el dragón del Fin armado con un arco. Parecía preocupado. Quizá Joshua no era el griefer, después de todo. Steve estaba confundido.

—Está siendo una batalla dura —le comentó Steve a Joshua.

—Sí, pero me gustan los retos —contestó él.

A Steve le pareció una respuesta un poco extraña.

Más flechas seguían alcanzando al dragón hasta que, por fin, consiguieron destruirlo. Entonces, apareció un huevo de dragón y todo el mundo estalló de alegría.

—¡Aún queda otro dragón! No podemos cantar victoria ya —les recordó Henry.

—Y podría haber más en camino —añadió Joshua.

—¡No, por favor! —imploró Sarah.

Los rugidos del otro dragón de ojos morados retumbaron por las ruinas de la residencia.

—¡Aquí viene el segundo! —avisó Lucy y disparó una flecha a las escamas negras de la bestia.

El dragón perdió altura hasta quedar volando muy cerca del suelo. A su paso, el escenario quedó completamente destruido.

—Ojalá nuestras casas sigan todavía en pie —suplicó Georgia.

—Si tan buena arquitecta eres, deberías ser capaz de reconstruirla —dijo Joshua mientras disparaba una flecha al dragón. La criatura rugió de dolor.

—Construir algo no es fácil y lleva su tiempo —replicó Steve. Ahora sí que desconfiaba de Joshua.

El grupo disparó tantas flechas y tan rápido como pudo.

Destruir a un dragón del Fin era muy difícil, ya que eran inmunes al agua, la lava y las pociones. Su única ventaja era que el dragón había sido invocado en el Mundo Principal, el cual no era su entorno natural. De haber estado luchando en el Fin, el dragón habría engullido cristales y aumentado así su barra de salud.

—¡Creo que las flechas lo están debilitando! —dijo Sarah, tras ver cómo a la bestia le costaba cada vez más batir las alas.

Sus rugidos también se iban debilitando, pero seguía volando y lo suficientemente cerca como para destruir la última pared de la residencia. Los chicos ya no tenían dónde refugiarse y su única protección eran sus armaduras. Se aferraron a sus arcos y flechas como última esperanza para vencer a la bestia.

—¡Sigan disparando! —ordenó Henry—. ¡No se den por vencidos!

El dragón del Fin profirió un fuerte rugido. Batió las alas de nuevo, volando bajo, casi rozando a los chicos.

—¡Parece que está recuperando fuerzas! —exclamó Kyra, angustiada.

—No, es imposible —le dijo Max.

Entonces, una de las alas de la bestia golpeó a un champiñón gigante. Lanzó un último rugido y se destruyó. Un segundo después, apareció otro huevo.

Todos se quitaron los cascos y recorrieron los alrededores, para evaluar los daños que ambos dragones habían producido en la isla.

La residencia había sido destruida, el escenario había sido destruido y la isla estaba cubierta por escombros.

—Mis amigos y yo podemos reconstruir el escenario y la residencia —ofreció Kyra a los jueces.

—¡Son muy amables, gracias! —contestó Sylvia.

—Nosotros los ayudaremos también —añadió Jonathan y sus compañeros del jurado asintieron. Ellos se encargarían de reconstruir las instalaciones necesarias para la competencia, así los competidores podían seguir trabajando en sus casas.

—¿Nos ayudarás? —le preguntó Kyra a Joshua.

—Por supuesto. Soy muy bueno construyendo cosas —declaró Joshua.

—Desde luego que sí —le dijo Steve—. Hiciste un gran trabajo reconstruyendo mi barco.

—¡Ah sí, sí, claro! Aún no lo he acabado… mmm… Sigo trabajando en ello —balbuceó Joshua.

Joshua se marchó con los demás para reconstruir la residencia, dejando allí solo a los competidores.

Los cuatro se miraban con las mismas caras de preocupación. Todos pensaban en lo mismo. Se preguntaban si sus casas habrían aguantado en pie. Dentro de poco, los jueces pasarían a evaluar su trabajo y, con tanto contratiempo, apenas habían podido trabajar en sus construcciones. Estaban en silencio. Nadie movía un músculo.

Al final, Steve se armó de valor y dijo:

—Me voy a ver cómo está mi casa. Espero que el dragón no haya llegado hasta las zonas de construcción.

Cada paso que daba hacia su casa le parecía eterno y lo angustiaba más. Pasó por delante de las champiñacas que solían pastar por allí cerca y por fin llegó. ¡Estaba intacta! Steve no podía creerlo.

Pero entonces, la sirena sonó de nuevo por toda la isla seguida de la voz de Sylvia.

—Por favor. Diríjanse todos al escenario. —Hizo una breve pausa—. O a lo que antes era el escenario.

Steve salió corriendo hacia allí.

Sarah y Georgia estaban llorando y a Caleb le temblaba el labio.

Joshua estaba hablando con los jueces.

Steve tenía la sensación de que algo no andaba bien.

—¿Qué tal tu casa? —le preguntó Sarah a Steve.

—Perfecta, pero intuyo que la tuya no.

Sylvia se acercó a interrogarlo.

—¿Dices que tu casa no ha sufrido ningún daño?

Jonathan se puso al lado de ella.

—Eso es bastante sospechoso —declaró.

Steve entendió que lo estaban acusando de algo que no había hecho. Como cuando la gente de su aldea creyó que él era el griefer que había estado destruyendo todo y tuvo que demostrar que, en realidad, era Thomas.

—¿Por qué lo dices?

Estaba perplejo por la acusación. Quería contarles sus sospechas de que Joshua era el griefer, pero no lograba articular palabra. En cambio, dijo:

—¡Yo no puedo controlar lo que hace el dragón del Fin!

Lexie levantó la voz.

—¿Insinúas que tú invocaste al dragón del Fin?

—¡No, yo nunca haría algo así! —se defendió Steve—. Pregúntales a mis amigos. Ellos te dirán que no soy un griefer.

—Tus amigos son cazadores de tesoros —puntualizó Jonathan—. Y ya sabemos hasta dónde son capaces de llegar los cazadores de tesoros en sus búsquedas. No podemos confiar en ellos.

—Pero tienen que confiar en mí y en mis amigos —suplicó Steve.

—Te dejaremos competir, pero te estaremos vigilando, Steve. Si nos enteramos de que has tenido algo que ver en esto, no solo te irás de aquí, sino que estarás metido en un grave problema —le garantizó Sylvia, muy seria.

Steve no daba crédito a lo que oía. Desde que la competencia empezó, había estado preocupado por ser atacado por criaturas hostiles y regenerarse de vuelta en su casa o por si su casa había sido destruida por los dragones del Fin, pero jamás habría esperado que algo de esto pudiera ser la causa de su expulsión.

Sabía lo que debía hacer. Tenía que probar su inocencia y seguir construyendo su casa.

Y cuando hubiese limpiado su nombre y ganado el respeto de los jueces, sería todo un ganador, aunque no obtuviera el primer lugar en la competencia.

De vuelta a casa, Georgia pasó por su lado. Steve la llamó, pero ella ni se volvió. Eso le dolió. Todo apuntaba a que nadie le creía. No solo iba a construir su casa, también debía reconstruir su reputación.

12
VOLVER
A EMPEZAR

Steve podía entender cómo se sentían sus compañeros. Debían de estar muy afligidos. Todo lo que habían construido había sido destrozado sin más. Él se sintió igual cuando Thomas hizo saltar por los aires su granja con dinamita. Ahora, ellos tenían que volver a empezar de cero. A Steve no le parecía justo, ya que la suya estaba casi acabada. Quería ayudar a sus compañeros, pero sabía que iba contra las reglas.

Colocó las últimas ventanas de su casa e hizo amplias terrazas con vista al mar. A pesar de lo bien que le estaba quedando, no tenía ganas de construir. Su corazón ya no estaba en la competencia. Después de haber sido acusado de sabotearla, se sentía fatal. Odiaba ser acusado sin pruebas. Quería limpiar su nombre. Por suerte, contaba con buenos amigos que lo podían ayudar.

Mientras Steve decoraba las paredes de su casa con esmeraldas, pensaba de qué manera podían ayudarle Lucy, Max, Henry y Kyra. Cuando puso la última esmeralda, se fue a la residencia.

Los chicos estaban construyendo la residencia con los jueces.

—¿Qué haces aquí? ¿No deberías estar construyendo? —le preguntó Sylvia.

—Solo quiero hablar con mis amigos un momento —le contestó Steve y Sylvia asintió.

Lucy, Max, Henry y Kyra se acercaron a Steve.

—Steve, todo el mundo cree que eres el griefer. Hemos intentado convencerlos de que no, pero no confían en nosotros —prorrumpió Lucy.

Kyra estaba indignada.

—Quiero irme. No soporto estar aquí, todo el mundo nos juzga —dijo.

—Lo sé. Necesito demostrar que soy inocente y necesito que me ayuden.

—¿Cómo podemos ayudarte? —preguntó Max—. Haremos cualquier cosa.

—Quiero que se hagan amigos de Joshua y descubran si él tiene algo que ver en esto.

Antes de que los cuatro amigos pudieran empezar la misión, cuatro endermen aparecieron a lo lejos.

—¡Pónganse todos las máscaras de calabaza! —gritó Sylvia.

El grupo sacó las máscaras de los inventarios.

—No los miren. —La voz de Jonathan temblaba al hablar—. Aunque tengan puestas las máscaras, no los miren.

Steve no le hizo caso. Salió disparado hacia esas larguiruchas y terroríficas criaturas con su espada, abalanzándose sobre una de ellas.

Sus amigos lo siguieron y arremetieron contra ellas.

Los gritos agudos de los endermen alteraban al grupo, que luchaba contra ellos con todas sus fuerzas.

Henry hundió su espada de diamante en uno de ellos y con un golpe final, acabó con él.

Georgia y Sarah parecían haber oído la pelea desde sus casas y acudían corriendo con cubos de agua para arrojárselos.

Después de mojarse, los endermen se destruyeron.

—Gracias —les dijo Steve.

—Aún no sé si has sido tú el que ha invocado a todas estas criaturas horribles, pero quiero acabar ya la competencia —contestó Sarah.

—No más distracciones, por favor —le suplicó Georgia, mirándolo a los ojos.

—¡Esto no es cosa mía! —protestó Steve.

—Muy pronto lo sabremos. Y, de verdad, espero que no seas tú, pero si resultas serlo, jamás te lo perdonaré —declaró Georgia.

Steve siguió el ejemplo de Sarah y Georgia y volvió a su casa. Confiaba en que sus amigos pudieran ayudarlo a resolver el problema. Estaba a punto de llegar a su zona de construcción, cuando oyó gritos de pánico provenientes del área de reconstrucción del escenario. Volvió sobre sus pasos y se encontró a todos armados con espadas. Aunque eran ocho luchando, la bestia tenía ni más ni menos que tres cabezas.

Sarah, Georgia y Caleb llegaron corriendo.

—¿Qué está pasando, Steve? —le preguntó Sarah.

No había tiempo para responder. Tras un fogonazo azul y una fuerte explosión, la residencia, que había sido medio reconstruida, fue derribada de nuevo.

Un wither negro de tres cabezas había sido invocado y lanzaba calaveras contra el grupo, que trataba de protegerse detrás de un champiñón gigante. Era inútil. La bestia arrojó más calaveras. No había adónde huir. Debían luchar.

Steve corrió hacia la criatura con su espada en la mano. Quería ser el héroe, pero una persona sola no era rival para semejante amenaza.

Sus amigos se unieron a él en la batalla. Protegidos con sus armaduras, dispararon flechas al wither con la esperanza de debilitarlo. Este derrumbó el nuevo escenario, que estaba siendo reconstruido.

—¿Cómo pretenden ganar esta batalla? —preguntó Kyra al grupo. El wither la acorraló y le lanzó una calavera. A punto de ser alcanzada, Kyra cerró los ojos, esperando recibir el impacto.

Pero no pasó nada, así que abrió los ojos.

—¿Qué ha pasado? —preguntó.

—¡Mira! —Steve apenas tenía aliento para hablar—. Tiene un nuevo enemigo.

Un ejército de endermen, con sus bocas abiertas emitiendo gritos agudos, avanzaba hacia el wither. Era una batalla entre criaturas.

13
LUCHA EN EL CIELO

Los ojos de los endermen brillaban al tiempo que el sol desaparecía y la noche caía sobre la Isla Champiñón.

El wither lanzó calaveras a los endermen que se le iban acercando. Un grupo de endermen se teletransportó hacia él y lo atacó, pero la barra de salud del wither era muy amplia y se defendió sin problemas arrojando más calaveras.

—Parece que pueden resolver esto entre ellos, ¿no? —dijo Kyra, esperando tener razón.

Max miró al cielo.

—¡Madre mía, miren!

—¡No, otra vez no! —se quejó Henry al ver llegar a un dragón del Fin bajo el oscuro cielo.

—Que alguien encienda una antorcha —dijo Steve.

Caleb tenía una.

—Pero necesito las manos para sujetar el arco y las flechas —replicó.

Max se acercó a una pared que había sobrevivido a la destrucción de la residencia.

—Ponla aquí —sugirió.

Bajo su luz, los chicos observaron al dragón del Fin

descender y esquivar las calaveras que el wither le arrojaba.

El dragón remontó el vuelo en la noche, seguido del wither, que también había alzado el vuelo. La terrorífica criatura de tres cabezas voló tras su alado enemigo, sin parar de lanzarle calaveras.

Varias lo alcanzaron, pero no acabaron con él. Entre rugidos, subió aún más alto y con sus fauces abiertas embistió al wither. El impacto lo volvió rojo unos segundos. La lucha en las alturas se avivó, pero los chicos no tuvieron tiempo de ver esta batalla entre jefes porque, ahora que los endermen se habían quedado desocupados, tenían que enfrentarse a ellos. Tenían que librar su propia batalla.

Las criaturas se teletransportaron hacia los chicos mientras se oían los rugidos y ecos provenientes de la lucha entre el wither y el dragón.

Steve y Henry arremetieron contra las desgarbadas criaturas con sus espadas. Los demás se pusieron las máscaras y fueron por agua, pero antes de llegar a la orilla, oyeron un fuerte estruendo.

—¿Qué ha sido eso? —preguntó Kyra, inquieta.

¡Buuum! Otro estruendo, seguido de un relámpago.

—¡Va a llover! —entendió Lucy, entusiasmada.

Steve estaba envuelto en una intensa batalla contra los endermen, cuando las primeras gotas de lluvia cayeron sobre él y destruyeron a la plaga de patilargos.

—Nunca una tormenta me había sentado tan bien —le dijo Steve a Henry, limpiándose las gotas de la cara.

La tormenta se volvió más violenta, igual que la batalla entre el wither y el dragón del Fin. A ninguno le afectaba el agua, así que seguían luchando. Ambas criaturas eran muy poderosas, por lo que el enfrentamiento no iba a ser corto.

El dragón voló muy rápido, esquivando algunas calaveras, pero no era un problema para el wither. Cada una de sus tres cabezas arrojaba calaveras, sin apenas parar, y varias alcanzaron la cola del dragón. Este rugió de dolor y atacó con su poderosa ala al wither, que, por un momento, se volvió rojo. La bestia de tres cabezas remontó el vuelo entre la lluvia, esquivando un relámpago que cayó desde el tempestuoso cielo.

—Ojalá tuviéramos un lugar para cobijarnos —se lamentó Lucy, siguiendo la terrible pelea en la noche e intentando protegerse de la lluvia.

Kyra empezó entonces a construir una casa de champiñones.

—Las casas de champiñones se construyen fácilmente. Hagamos varias, juntos.

Prepararon champiñones y polvo de hueso. Primero, hicieron los suelos y las escaleras, y usaron una antorcha para alumbrar el interior de la casa. Trabajaron tan rápido como pudieron bajo la lluvia, ya que, cuando esta cesara, podían aparecer más endermen y necesitaban refugiarse de ellos también.

Todos habían acabado sus casas, excepto Joshua. Él no tenía huesos en su inventario para producir polvo de hueso. Steve lo vio buscando por todos lados algo que le ayudara a construir la casa.

—¿Necesitas huesos? —le preguntó a Joshua.

—No, gracias. No necesito tu ayuda —le contestó Joshua, dirigiéndose a la casa de Caleb.

Steve oyó cómo Joshua le preguntaba a Caleb si tenía sitio para dos camas y, después, entró.

—¿Terminaron todos? —Kyra echó un vistazo.

—Sí —respondieron al unísono y entraron en sus confortables casas de champiñones, a salvo de monstruos y perfectas para seguir viendo el espectáculo en el cielo.

La lluvia caía sobre el tejado de Steve, mientras este contemplaba al dragón del Fin atacar al wither.

Las tres cabezas lanzaban más calaveras y, por un segundo, pareció que el dragón se debilitaba, ya que había perdido bastante altura. Incluso parecía que iba a caer derrotado al suelo en más de una ocasión, pero no. De repente, el dragón voló hacia el wither con más fuerza que nunca y, con un último ataque, destruyó a su enemigo. Entonces, una estrella del Inframundo cayó del cielo.

Steve había estado viendo y animando la batalla hasta que el wither fue derrotado. Eso significaba que ahora ellos eran las siguientes víctimas del dragón.

—¡Disparen las flechas! —ordenó Steve a los demás.

Los chicos se prepararon y dispararon al dragón. Las flechas alcanzaron su vientre, destruyéndolo, y apareció un huevo de dragón.

El poderoso dragón había sido el vencedor en la batalla de los jefes, pero había sido una victoria breve.

Finalmente, la lluvia cesó. Steve y los demás se acercaron a lo que quedaba del nuevo escenario.

—Creo que ya estamos a salvo —dijo Steve.

A lo lejos se oyeron unos rugidos.

—¡Otra vez no! —suplicó Georgia.

14
LA BATALLA
DE LOS
ARQUITECTOS

—¿**C**uántos dragones del Fin ven? —preguntó Georgia, mientras salía de su casa de champiñones.

Sarah miró al cielo.

—¡Yo veo tres!

—¡¿Quién está haciendo esto?! —Georgia estaba furiosa. Quería seguir con la competencia.

Sylvia, Lexie y Jonathan se prepararon con arcos y flechas para luchar.

—Ahora no podemos preocuparnos de eso —les recordó Caleb—. Solo nos queda luchar hasta que acabe.

Steve no estaba de acuerdo.

—Si encontramos al responsable de esto, podemos hacer que pare y terminar con estos enfrentamientos sin sentido.

Pero sus palabras se las llevó el viento con la llegada de los dragones.

Batían las alas, volando cada vez más rápido hacia los chicos, que se encontraban junto a sus casas de champiñones.

Las champiñacas que pastaban detrás de ellos observaron a las criaturas llegar.

Los tres dragones se lanzaron en picada sobre ellos. Uno golpeó a Sylvia.

—¿Estás bien? —le preguntó Steve, disparando una flecha al dragón.

—Sí —dijo, débilmente. Estaba herida, pero aún en pie.

El segundo dragón golpeó la casa de champiñones de Caleb y destruyó su tejado. El tercero arremetió contra uno de los laterales. Caleb y Joshua, desesperados, les disparaban flechas sin parar.

—¡Basta! —gritó Joshua—. ¡Dejen de atacarme!

Los dragones no escuchaban razones. Por el contrario, rugieron y Joshua huyó de la casa como alma que lleva el diablo, dejando a Caleb detrás luchando solo contra los dragones.

—¡Joshua! —lo llamó Caleb, pero Joshua ni se volvió. Caleb disparó una flecha a un dragón, pero no era rival para tres bestias así y menos si lo tenían acorralado.

Disparó una segunda flecha justo cuando los dragones se abalanzaban sobre él.

—¡Ayuda! —suplicó.

Todos los demás corrieron en su ayuda disparando flechas, esperando, al menos, debilitar a los dragones. Una de las zarpas negras de tres dedos del dragón chocó contra un lateral de la casa de Caleb, mientras se preparaba para echar a volar y, así, evitar la lluvia de flechas.

Para fortuna de Caleb, un nuevo enemigo para los dragones había aparecido. ¡Otro wither!

Los tres dragones sobrevolaron el cielo, alejándose de los chicos, en dirección al wither. Lo rodearon y atacaron desde cada ángulo hasta acabar con él. Otra estrella del Inframundo cayó cerca del grupo.

—¡Uy, creo que somos los siguientes! —gritó Lucy.

—¡Lucharemos juntos! —les aseguró Steve.

Max miró hacia delante y vio más endermites.

—¡Oh, no, más no! —protestó y se dirigió a dos de ellos con su espada.

—¡Más endermen también! —avisó Sarah y todos se pusieron sus máscaras de calabaza.

—¡Llévenlos hasta el agua! —les ordenó Henry a Steve y a Caleb.

Steve y Caleb se quitaron las máscaras y los endermen los vieron.

—¡Van a teletransportarse! —le gritó Steve a Caleb y ambos corrieron hacia el mar, seguidos por los endermen, que fueron inmediatamente destruidos.

Mientras nadaban hacia la orilla, Steve y Caleb vieron a Joshua robando el barco pirata de Max.

—¡Joshua! —lo llamó Caleb, pero Joshua tampoco se volvió esta vez, sino que empujó el barco dentro del mar.

—¡Sigámoslo! —dijo Steve y los dos se apresuraron a llegar al muelle. Allí, tomaron el velero de Henry y fueron tras Joshua.

Steve condujo el barco tras él, aceleró y se pusieron al lado del barco pirata.

—¿Adónde vas? —le preguntó Caleb.

—¡Me voy! —contestó Joshua, tajante. Ni lo miró, se limitó a acelerar.

Steve aceleró también. Ambos siguieron así, hasta que Steve abordó el barco que Joshua le había robado a Max. Joshua miró angustiado a Steve cuando este sacó su espada.

—Este es el barco de mi amigo Max —le dijo Steve, apuntándole con su espada.

—Lo siento —gimoteó Joshua. Apenas le salían las palabras. Estaba temblando.

—¡¿Qué es lo que pasa contigo?! Destrozaste mi barco, robas el de Max y abandonas a tu amigo.

—No lo sé —respondió Joshua.

Steve acercó un poco más la espada contra Joshua.

—No te creo. Ya he conocido a gente como tú antes.

Joshua retrocedió.

—¿Qué quieres decir con eso? —le preguntó.

El barco apenas se movía.

Caleb salió del barco para pasar al otro con Joshua y Steve.

—¡Ya no eres mi amigo, Joshua!

Joshua estaba arrinconado. No había escapatoria. Estaba en mitad del mar y lo superaban en número.

—¡Está bien, basta! —gritó—. Tienen razón, todo es culpa mía.

Caleb estaba desconcertado.

—¿Por qué?

—Estaba celoso. Quería participar en la competencia —confesó Joshua.

Los rugidos del dragón del Fin se oían desde allí. Steve estaba preocupado por sus amigos.

—¡Pues, por culpa de tus celos, mis amigos están luchando sin descanso y a mí me has estropeado una competencia que llevaba mucho tiempo esperando! —le gritó Steve.

—¡A mí no me eligieron! —gritó Joshua, también.

—¿Acaso solo piensas en ti mismo? —le recriminó Caleb.

—¡No! —contestó Joshua.

El velero de Henry se había ido alejando de ellos. Pronto lo habrían perdido de vista.

Caleb miró el barco.

—¡Mira lo que le has hecho al barco de Henry! Si no hubiéramos tenido que perseguirte, ese barco estaría quieto en el muelle.

—¡Qué barco ni qué nada! —dijo Steve, frustrado—. Esa es solo una de las muchas cosas que has provocado. Tú invocaste al wither y al dragón del Fin.

—¡Y a los endermites y a los endermen! —añadió Caleb.

—¿No te das cuenta del daño y los problemas que has causado? ¡Y todo por no entrar en una competencia! —Steve estaba muy enfadado.

—Tienes que acabar con esto ya —le avisó Caleb.

—No sé cómo… —balbuceó Joshua.

—Jamás debí haberte traído aquí —lamentó Caleb.

A lo lejos, se oyó una explosión.

—Me siento muy impotente. Necesito ir a ayudar a mis amigos —dijo Steve, preocupado—. Seguro que hay algo que puedes hacer, Joshua. Te vuelves a la isla con nosotros.

—Quiero que les digas a todos lo que has hecho y que vas a mejorar —le dijo Caleb a Joshua, mientras Steve dirigía el barco de vuelta a la isla.

—No sé cómo arreglarlo, de verdad —contestó Joshua y entonces intentó saltar por encima, aprovechando que Steve amarraba el barco.

—¡No! —exclamó Caleb al tiempo que lo sujetaba.

El dragón del Fin se abalanzó sobre Joshua, golpeándolo.

—¿Ves? ¡No puedo pararlo! —protestó Joshua.

—Saca tu arco y tus flechas —le ordenó Steve.

Joshua obedeció y los tres dispararon flechas sin parar, intentando escapar de la bestia alada.

15
JUNTOS
DE NUEVO

Steve, Caleb y Joshua lucharon contra el dragón. Una vez derrotado, Steve se dirigió a ellos y dijo:

—¡Tengo que encontrar a mis amigos!

Y echó a correr hacia el centro de la Isla Champiñón. Caleb y Joshua lo siguieron.

Steve encontró a sus amigos en mitad de una batalla contra otro dragón del Fin. Los tres se unieron a ellos para acabar con el jefe. El dragón, débil, estalló a los pocos segundos, dejando una nube morada y un huevo.

—Tranquilos, esto ya casi ha terminado —anunció Steve.

—Pero podría llegar otro dragón del Fin —dijo Lucy. Apenas se oía su voz. Estaba demasiado cansada.

—Joshua, por favor —empezó Steve, mirándolo—, cuéntales lo que has hecho.

Joshua agachó la cabeza.

—Yo no he hecho nada. No sé a qué te refieres, Steve.

Sylvia se acercó.

—Por favor, Steve, no le eches la culpa de esto a Joshua. Sabemos que has sido tú el que ha invocado a todas estas bestias para arruinar la competencia.

Steve estaba perplejo.

—¿Por qué haría yo algo así? Si yo quería ser parte de la competencia.

—Hombre, tu casa fue la única que no fue destruida —lo acusó Jonathan.

Henry salió en defensa de Steve.

—¡Mi amigo sería incapaz de hacer algo así!

—¿Por qué no le preguntas dónde está tu barco, Henry? Él lo destruyó —atacó Joshua.

—¡Eso es mentira! Se perdió en el mar mientras intentábamos capturarte —se defendió Steve.

Henry estaba confuso.

—Entonces ¿mi barco se ha perdido?

Kyra apoyó a Steve.

—He trabajado muy duro en esos barcos, pero, después de ver lo que hiciste con el barco de Steve, no te creo nada, Joshua.

—Pues deberías —contestó Joshua—. Soy inocente. Steve es el que está provocando todo esto.

—Steve, vamos a tener que pedirte que abandones la competencia. Además, se te prohibirá volver a la Isla Champiñón para siempre —declaró Lexie.

Steve miró a sus amigos.

—Lo siento, chicos, pero parece que tenemos que irnos.

—¡Pero, Steve, eres inocente! —protestó Kyra.

—Demuéstrenlo, entonces —dijo Joshua, con arrogancia.

—No puedo.

Steve estaba agotado y dispuesto a resignarse. Solo quería volver a casa, a su granja, y ver a Rufus, a Snuggles y a Jasmine. Para nada quería estar en una competencia en la que todos lo culpaban de cosas que no había hecho.

—¡Steve no es el griefer! —insistió Henry.

—Y no nos vamos hasta que probemos que eres inocente —añadió Lucy.

—No puedes rendirte —continuó Max—. Nosotros no lo hacemos. Vamos a probar que no eres tú el que está detrás de estos ataques y a desenmascarar al responsable.

Steve se sorprendió cuando Sarah y Georgia se sumaron a sus amigos en su defensa.

—Nosotras también creemos que eres inocente y les ayudaremos a probarlo —se unió Sarah.

—¿De verdad? —dijo Steve, contento de ver a sus nuevas amigas apoyarlo.

Caleb se acercó al grupo.

—No puedo soportarlo más. Tengo algo que decir.

—¡No, para! —prorrumpió Joshua.

—Lo siento, Joshua, pero no puedo defenderte más. Tengo que decirles la verdad.

—Estás cometiendo un grave error, Caleb —le advirtió Joshua.

—Decir la verdad nunca es un error —contestó Caleb.

—Pero... —Joshua quiso hablar, pero Caleb lo interrumpió.

—Lo siento, Joshua. Tengo que hacerlo. Steve tenía razón, fue Joshua el que invocó a todas esas criaturas hostiles. Él es el griefer. Yo tampoco lo creí al principio, pero, cuando lo descubrí, intentó escapar robando el barco de Max —confesó Caleb.

—¡Oh, no, mi barco! —dijo Max.

—No te preocupes, está bien amarrado en el muelle. Pero la competencia se ha ido al traste —se lamentó Caleb.

Joshua estaba junto a la casa de champiñones medio derruida.

—Lo siento, de verdad. Solo quería que me eligieran para participar. Y cuando Caleb fue elegido y yo no, me molestó...

—¡¿Te molestó?! —le gritó Sylvia—. Eso es quedarse muy corto.

—¡Has arruinado la competencia! —dijo Jonathan, mirando a Joshua.

—Y ustedes acusaron a mi amigo sin razón —les recordó Kyra a los jueces.

—Lo sentimos, Steve —se disculpó Sylvia—, pero entiéndenos. Todo apuntaba a ti.

—¡Ni siquiera tenían pruebas y estaban más que dispuestos a echarme de la competencia! —Steve se echó a llorar.

Un dragón del Fin solitario se dirigía al grupo.

—¡Páralo! —le ordenó Lucy a Joshua.

—No puedo, ya no tengo control sobre ello —replicó este.

—Si me dices cómo los invocas, quizá puedo pararlos usando bloques de comandos —sugirió Henry—. ¿Desde dónde los generas?

—Tengo a alguien que se encarga de pisar una placa de presión, conectada a un bloque de comandos, en uno de los árboles de la jungla que está cerca de aquí. Por eso tomé el barco. ¡Lo que intentaba era pararlo! —explicó Joshua.

—Rápido, a los barcos —ordenó Henry—. Steve, ven con nosotros.

El dragón del Fin se lanzó en picada sobre Caleb, pero Joshua lo empujó y lo apartó de su trayectoria.

Lucy disparó una flecha que alcanzó al dragón y lo destruyó. Otro huevo cayó del cielo.

—Antes creía que matar a un dragón del Fin era un gran desafío, pero, ahora, me parece pan comido —comentó Lucy.

—Bueno, así como pan comido, tampoco —replicó Kyra.

—Joshua, tienes que parar esto —exigió Lucy—. ¡Vayan a los botes ya!

Steve, Henry, Joshua y Caleb corrieron a la orilla. Mientras subían al barco de Max, vieron llegar otra embarcación a lo lejos y una cara familiar a bordo.

—¡Eli! —exclamó Steve.

16
BLOQUES DE COMANDOS

Steve buscaba la jungla desde el borde del barco.

—¡Ya la veo! —gritó.

—¿Sabes dónde se encuentra tu amigo, el griefer, exactamente? No tenemos tiempo que perder —Caleb estaba exhausto. Su barra de salud estaba muy baja.

—Sí, en un árbol, lejos de la costa —contestó Joshua.

—Espero que estés diciendo la verdad —le advirtió Henry.

Amarraron el barco en la orilla y se adentraron en la espesa jungla. Un ocelote salvaje se les cruzó, pero Steve lo ignoró y siguió a Joshua, que los guiaba a través de la maleza hasta el otro griefer. Les costaba mucho ver entre tanta hoja y Steve temía que Joshua pudiera aprovecharse de ello y escapar. Pero Henry seguía de cerca a Joshua, vigilándolo.

—¿Adónde vamos? —preguntó Steve. Tenía la sensación de estar caminando en círculos.

—No confío en él —dijo Henry.

—Solo un poco más —prometió Joshua.

—Eso espero, aunque no puedo ver nada —comentó Steve.

Caleb tomó las tijeras de su inventario para despejar el camino.

—¡Buena idea, Caleb! —exclamó Joshua—. Ya veo el árbol.

Steve levantó la mirada y vio a una persona con los colores del arcoíris sentada en el árbol. Ya lo había visto antes, cuando estuvo solo en el Inframundo. Comparado con las hojas verdes del árbol, el griefer destacaba bastante.

—¡Yo conozco a ese hombre! —confesó Steve.

—¿En serio? —preguntó Joshua, sorprendido.

—Sí, intentó atacarme en el Inframundo.

—¡Dile que pare, Joshua! —le ordenó Caleb.

—¡Para! —le dijo Joshua al griefer.

—¿Eres tú, Joshua? —respondió este desde el árbol.

—Tenemos que parar esto ya. Hemos hecho daño a mucha gente —le pidió Joshua.

—¡Ni pensarlo! —contestó el hombre de arcoíris, desafiante.

—¡Baja aquí, inmediatamente! ¡Es una orden! —le gritó Joshua.

El hombre de arcoíris se echó a reír.

—¡Jamás! Voy a destruir la Isla Champiñón.

—No mientras yo esté aquí —dijo Henry y, acto seguido, disparó una flecha al griefer, pero este saltó a otra rama.

—No se imaginan lo bien que me la estoy pasando —dijo el griefer, intentando provocarlos.

—Ya has generado un montón de dragones del Fin, ¿qué piensas hacer ahora? ¿No has tenido suficiente diversión aún? —le preguntó Steve y, muy despacio, empezó a trepar por el árbol.

El hombre de arcoíris le disparó una flecha, pero Steve la esquivó.

—No te acerques más —lo amenazó el hombre.

—¡Has ido demasiado lejos ya! —le gritó Henry, disparándole una flecha.

—¡Te ordeno que pares! —le volvió a pedir Joshua.

Este sacó también su arco y le disparó una flecha, obligando al griefer a bajar del árbol para esquivarla. El hombre de arcoíris estaba ahora frente a ellos.

—Nosotros ya nos conocíamos y sé lo perverso que puedes llegar a ser —le dijo Steve, agarrando su espada de diamante.

—Fin del juego —concluyó Joshua, apuntándole con su arco.

—No hasta que yo lo diga.

El griefer tomó su espada y se abalanzó sobre Joshua, pero Steve fue más rápido. Corrió hacia él con su espada en mano y, de una estocada, lo destruyó.

—Ahora sí. Fin del juego —dijo Steve.

—¡Excelente trabajo! —dijo Henry, felicitando a su amigo.

Caleb y Joshua se habían quedado al lado del árbol. Steve miró hacia la orilla y respiró aliviado al comprobar que el barco seguía allí. Deseaba volver ya a la Isla Champiñón y terminar la competencia.

—¿Qué van a hacer ahora conmigo? —preguntó Joshua, nervioso.

—Tienes la oportunidad de volver a empezar. No voy a atacar a alguien que ya no es una amenaza para mí —le respondió Steve.

—Volvamos a la isla, Steve —dijo Caleb.

—¿Y yo? —preguntó Joshua.

—Tú no estás invitado —le contestó Caleb—. Creo que sería mejor si cada uno fuera por su lado.

—Pero tú eres uno de mis mejores amigos —suplicó Joshua.

—Tú no eres mi amigo —le respondió Caleb, mientras se dirigía al barco con Steve y Henry de vuelta a la isla.

—No sabes lo que significa tener amigos de verdad. Me das lástima —se despidió Henry, mientras Joshua se alejaba.

—Por fin podremos terminar la competencia —dijo Steve al ver aparecer la isla.

—¿Terminar? —se rio Caleb—. ¡Querrás decir empezar! Todo ha sido destruido de nuevo.

—Cierto. Tengo que comprobar si mi casa sigue en pie después del último ataque.

A la vista estaban ya la orilla y el muelle, donde les esperaban los demás. Amarraron el barco y el grupo se acercó a darles la bienvenida.

—Les hemos guardado estofado de champiñones —comentó Lucy—. Suponíamos que gastarían mucha energía.

—Además, Steve y Caleb necesitan energía para seguir con la competencia, porque solo queda un día —les recordó Sylvia, sirviéndoles el estofado.

—¡¿Solo un día?! —prorrumpió Steve.

Comió tan rápido como pudo. Tenía una casa que terminar, si es que todavía seguía en pie.

17
COMPETENCIA
Y PREMIOS

Steve se dirigía a su casa y con cada paso que daba su ansiedad aumentaba. ¿Y si su casa había sido destruida? ¿Cómo iba a reconstruir una casa decente en un día? Podía hacer una de champiñones, sí, pero no una digna de ganar una medalla.

Antes de llegar, respiró hondo. Steve contempló los escombros de lo que antes había sido su casa.

—Y pensar que me querían expulsar del concurso porque mi casa no había sido destruida. —Steve se rio de lo irónico de la situación.

Aun así, no había tiempo que perder. Enseguida echó mano de todos los recursos que le quedaban en el inventario. Al menos ahora, podía dedicarse a construir sin preocuparse de que le robaran el carbón o lo atacaran criaturas hostiles.

Construyó las paredes y una estructura bastante decente.

Además, era muy bueno decorando la casa con diseños en esmeralda en las paredes de la sala.

Fuera, Sylvia llamó a Steve.

—Parece que estás haciendo un buen trabajo. Estamos revisando sus progresos. Imagino que, al final, tu casa sí fue destruida.

—Sí —contestó Steve, mientras ponía las ventanas.

—Me gustaría disculparme por la forma en que te tratamos. No teníamos ningún derecho a exigirte que abandonaras la competencia.

—Sinceramente, me dolió —admitió Steve sin mirarla, estaba ocupado construyendo una terraza.

—Bueno, te dejo que sigas. Solo estaba comprobando que todo estuviera bien y disculparme, también.

Steve acabó la casa. No era la casa de ensueño que había planeado para la competencia, pero era lo mejor que había podido hacer teniendo en cuenta los contratiempos. Además, tenía ganas de ver el resto de las casas, también. Aunque en el fondo le habría gustado ganar, y aún albergaba esperanzas, se llevaba grandes amigos, así que estaba muy contento con la experiencia.

La sirena sonó, seguida de la voz de Sylvia.

—Atención, participantes. Dejen de construir. El tiempo se ha acabado. Por favor, reúnanse en el escenario y ¡demos paso a las valoraciones!

Steve se dirigió al lugar indicado. El trabajo de reconstrucción del escenario por parte de sus amigos era increíble.

Henry le dio unas palmaditas en la espalda a su amigo.

—¡Mucha suerte, Steve!

—¡Gracias!

Sylvia presidía el escenario junto a Lexie y Jonathan.

—Hoy valoraremos una competencia que jamás creímos que terminaría. Cada uno de los participantes ha sufrido mucho. Todos lo hemos hecho. Pero, pese a todos los problemas, por fin podremos ver sus trabajos.

Los jueces guiaron a todos hasta la casa de Sarah. Estaba inspirada en la Isla Champiñón. Era una casa roja con forma de seta, cuya altura se desarrollaba bajo tierra.

—La he bautizado como la «Mansión Mina Champiñón» —explicó Sarah—. Se introduce tanto bajo tierra que también sirve como mina. Me inspiré para construirla en el día que tuve que ir a buscar carbón a la mina y cuando tuve que construir la casa de champiñones durante la tormenta, en el ataque del dragón del Fin.

La gente aplaudió.

A continuación, se dirigieron a la casa de Georgia. Su casa era de madera, situada en la costa con una enorme ventana que daba al mar. Por dentro, estaba decorada con alfombras muy coloridas y chimeneas.

—Yo la he llamado el «Mirador del guardián» por la gran ventana que te permite disfrutar de la vista y, al mismo tiempo, cuidar de tus amigos.

La siguiente era la de Caleb. Su diseño era el de un barco. Para entrar en ella tenías que trepar por una escalera.

—Lo llamo «Buque Ribera» —comentó Caleb mientras mostraba su obra a los demás—. Aún no he probado su resistencia al mar, pero me gusta la idea de una casa multifuncional.

La casa de Eli vino después. Hecha de madera, incluido el suelo. En general, el interior estaba vacío, solo había algunas camas.

—Antes que nada, decir que aún no puedo creer que haya llegado a tiempo —comenzó—. He llamado a esta casa «Fuera fronteras». De regreso a la isla, pensé que quería diseñar algo con un suelo muy grande para poder ver todo lo que sucedía en la casa y poder estar con todos.

Me encanta la idea de estar en casa, pero sin sentirme del todo encerrada.

La casa de Steve era la última en ser valorada. Todo el mundo se reunió alrededor de la casa de adoquines, con grandes ventanas y terraza. Steve les enseñó sus diseños en esmeralda del salón. Fuera, las champiñacas pastaban pacíficamente.

—Yo, simplemente, la he llamado «Hogar lejos del hogar». Como muchos ya saben, esta casa se parece bastante a mi granja en la cual vivo con vacas, ovejas y cerdos. Adoro vivir cerca de animales y decorar casas con esmeraldas.

Los jueces regresaron al escenario y Sylvia anunció:

—Ahora los jueces se retirarán para valorar. Por favor, vuelvan para la fiesta de esta noche, en la que comunicaremos quién será el ganador.

Steve volvió a su casa. Se sentó en la terraza y contempló la costa. La verdad era que esta había sido toda una aventura y también se preguntaba si ganaría.

—Steve —lo llamó Kyra.

—¿Podemos pasar? —preguntó Henry.

—¡Claro, adelante! —los invitó Steve, y Kyra, Lucy, Max y Henry entraron en la casa de su amigo.

—¿Entusiasmado por esta noche? —preguntó Lucy.

—¡Seguro que estás nervioso! —comentó Henry.

—¡Ojalá ganes! —lo animó Kyra.

—Yo también —contestó Steve.

La sirena sonó de nuevo. La fiesta había empezado. Todos salieron de casa de Steve para dirigirse a la fiesta.

Como era la última noche en la Isla Champiñón, habían hecho una fiesta de despedida.

Sylvia subió al escenario.

—Ha sido una competencia muy dura de valorar.

—Todas las casas eran magníficas y estaban muy bien diseñadas, pero solo podíamos escoger un vencedor —añadió Jonathan.

Lexie sujetaba la medalla del campeón.

—Y el ganador de esta competencia es...

¡Pum!

Los chicos miraron a su alrededor, dispuestos a luchar.

—¡Otra vez no! —suplicó Jonathan.

¡Pum! Un fuerte relámpago y gotas de lluvia cayeron mientras Lexie anunció:

—¡Sarah por su Mansión Mina Seta!

Todos aplaudieron y felicitaron a la ganadora. Otro relámpago cayó, pero la lluvia no paró la fiesta.

—¡Muchas felicidades, Sarah! —le dijo Steve bajo la lluvia.

18
DE VUELTA
A CASA

El sol salió al día siguiente. La lluvia había cesado y la competencia había llegado a su fin. Steve y sus amigos pasaron la noche en la casa que había construido.

—Ya sé que no has ganado, pero quiero que sepas que me encanta tu casa. Ojalá pudiéramos quedarnos un poco más —deseó Kyra.

—Pero tenemos que marcharnos hoy —le recordó Steve—. Creo que van a hacer otra competencia.

—A pesar de todo lo que ha pasado, ha sido una aventura genial —admitió Kyra.

—Serías una gran cazadora de tesoros, Kyra. Tienes buenos instintos de supervivencia —recalcó Henry.

—¿Tú crees? —le dijo Kyra, incrédula.

—¡De verdad! ¡Podrías venir a buscar tesoros con nosotros! —añadió Lucy, encantada.

—Pero ¿no van a volver conmigo a la granja? —preguntó Steve.

—Cuando topamos con aquel templo en la jungla, me di cuenta de lo mucho que extrañaba salir en busca de aventuras. Necesito volver a la búsqueda de tesoros —confesó Henry.

—¡Ven con nosotros, Steve! —lo animó Max.

—Creo que ya he tenido suficiente aventura con la competencia. Quiero volver a mi granja.

—¡Vamos, será muy divertido! —insistió Lucy.

—Tengo que volver y cuidar de Jasmine, Snuggles y Rufus. Pero cuando vuelvan podrán contarme todos los detalles de su aventura. Ya quiero escuchar historias fascinantes sobre sus tesoros —les aseguró Steve. La verdad era que tenía ganas de volver ya a su granja.

—Mmm, Steve, si voy con ellos, ¿podrías cuidar de mi casa de vez en cuando? —le preguntó Kyra.

—¡Por supuesto! —contestó Steve, enseguida—. Cuidaré de ella cada día hasta que vuelvas.

—Antes de partir, tengo que construir más barcos.

Diciendo esto, Kyra se fue hacia el muelle. Tenía mucho trabajo por delante, sobre todo después de que Joshua destruyera el barco de Steve y el de Henry se perdiera en el mar.

El grupo se unió a Kyra en el muelle para ayudarle. Sylvia, Jonathan y Lexie se acercaron a ella para admirar su trabajo.

—Sinceramente, Kyra, eres muy buena construyendo. Quizá recibas una invitación para participar en la próxima competencia —le comentó Sylvia.

Cuando los barcos estuvieron acabados, Sarah, Georgia, Caleb y Eli llegaron al muelle.

—Prometo ir a visitarte a tu granja, Steve —le dijo Georgia.

—Espero que todos vengan a visitarme —corrigió Steve. Estaba muy feliz de haber hecho nuevos amigos, pero triste al mismo tiempo por tener que despedirse de ellos.

Se despidió de Kyra que se unió a Max, a Lucy y a Henry.

Finalmente, subió a bordo de su barco. Aunque se iba de la Isla Champiñón sin haber ganado la competencia, sabía que habría muchas más competencias. Estaba muy contento de volver a su casa.